I0145569

ISBN: 978-0-9905973-8-4

Autor y editor: Dr. Victor Arroyo
Primera edición revisada: 1 de mayo, 2019
E-Mail: victorarroyoarroyo@gmail.com
www.demedicoamaestro.com

Diseño de portada: Mason Balouchian
AD Graphics
Casselberry, Florida 32707

de lo físico
a lo espiritual

Metafísica Espiritual
"Respuestas a mis inquietudes espirituales"

Verdades Espirituales
Dr. Victor Arroyo

Sobre el autor:

El Dr. Victor Arroyo es licenciado en farmacia, doctor en medicina, posee una especialidad en medicina interna, con subespecialidad en cardiología. Fue fundador, director y dueño del primer laboratorio vascular y cardiovascular clínico, a nivel privado, en la ciudad donde practicó la subespecialidad de cardiología por treinta años.

Es miembro del Colegio de Médicos y Cirujanos de Puerto Rico, de la Sociedad Puertorriqueña de Cardiología.

Estudió y se graduó de maestro de Verdades Espirituales en "Unity Institute of Christianity", Missouri, USA. Posee una especialidad en educación de adultos. Actualmente dedica su tiempo a enseñar y escribir. Es autor de seis libros sobre enseñanzas y verdades espirituales.

de Médico a Maestro
de Corazón a Corazón
de Adán a Jesús
de la mano de Jesús
de lo Físico a lo Espiritual
de dudas a la Verdad (Respuestas)
de la Anunciación a la Resurrección (María)

A Annie, mi esposa y compañera espiritual.
Gracias por la dedicación y amor en la revisión y corrección del libro.

CUANDO EL DISCÍPULO ESTÁ LISTO, TAMBIÉN LO ESTÁ EL MAESTRO.

Introducción

de lo físico a lo espiritual (Metafísica espiritual)
es el quinto libro de la colección de Verdades Espirituales.
Sale a la luz como respuesta a nuestras inquietudes
espirituales

El anhelo de toda persona es conocer a Dios.
Nuestra alma no tiene descanso hasta alcanzar ese anhelo.
En esa búsqueda la persona camina por muchos senderos.
Entra en contacto con muchas filosofías y prácticas
religiosas, pero a pesar de eso, sigue insatisfecha. Visita
iglesias, se reúne con grupos que están en esa misma
búsqueda, asiste a talleres, compra y lee muchos libros de
mejoramiento personal y continúa insatisfecha. No es hasta
que su alma está lista y receptiva a la Verdad, que
comienza a crecer en comprensión espiritual.

Lo primero que realiza es que Dios es el bien
Absoluto. Reconoce que Dios es espíritu y que él/ella es un
ser espiritual. Se apropia del concepto de **unidad** con el
Creador y **reconoce que es uno con Dios**. Su alma le
revela que es un hijo de Dios y heredero de todo Su bien.
Se da cuenta que todos los atributos de Dios están en él y
por consiguiente, acepta que es un ser divino, perfecto,
inteligente, sano, alegre, bondadoso, amoroso, seguro,
positivo y sobre todo, agradecido.

Su alma sigue avanzando, pues sabe cuán necesario es entender las ideas, conceptos, principios, leyes y verdades espirituales.

Al reenfocarse en su mundo interno sabe que está en este mundo, pero pertenece al mundo espiritual.

Una vez conoce la Verdad, comienza a vivir de acuerdo a ella.

La **metafísica espiritual** nos enseña a relacionarnos con el mundo interior; el mundo interno en nosotros que es ilimitado, no cambia, es perfecto y puro. Es el mundo de la dimensión espiritual. Es una experiencia constante y eterna en el fluir en Dios. En ese estado en conciencia Dios, todo bien se manifiesta en nuestras vidas.

INVITACIÓN:

En este quinto libro te hago la misma invitación que te hice en mi primer libro de Verdades Espirituales, **de Médico a Maestro:** *"Ven, Sígueme, levántate".*

Si has tomado la decisión de estudiar este libro, te aseguro que en él vas a encontrar respuestas a tus inquietudes espirituales. Al final vas a lograr levantarte a un nivel más elevado en conciencia.

Gracias por volver a decir **"Sí"** a mi invitación. Bendiciones,   Dr. Víctor Arroyo (maestro espiritual).

Capítulo 1

Dios es Todo

Este quinto libro de la colección de Verdades Espirituales, **de lo físico a lo espiritual**, tiene como compromiso contestar preguntas a muchas de nuestras inquietudes espirituales.

La metafísica espiritual que vamos a estudiar es la que trata todo lo que está invisible a los sentidos físicos. **En el lado invisible de nuestra naturaleza humana está Dios.** Por lo tanto es fundamental comenzar conociendo y reconociendo a Dios

Nos vamos a familiarizar con el conocimiento de los conceptos fundamentales de la Verdad. Todos los días estamos expuestos a nuevas verdades y es necesario estudiar sus fundamentos: de dónde proceden y cómo aplicarlas a nuestras vidas. El fundamento más sólido y seguro lo estableció Jesús al decirnos, **"El Espíritu de Verdad nos guiará a toda la Verdad".**

Conocer, estar receptivos y apropiarnos de los conceptos de Verdades Espirituales, metafísicamente, es fundamental, porque nos aparta de mantener una dependencia grande en otras informaciones, que pueden disminuir nuestra respuesta individual al llamado del Espíritu.

Está escrito que las cosas espirituales se disciernen espiritualmente. Desde este momento en adelante, mantener un estado de conciencia espiritual y de luz, nos lleva por el camino correcto a comprender la Verdad.

Afirmamos: *"No soy yo, sino el espíritu que está en mí quién me lo revela todo"*.

El estudio de la metafísica *explora áreas que están más allá de lo físico*, de las ciencias físicas. Tiene como fin *el conocer la verdad más profunda de las cosas.* El plano más allá del físico que vamos a tratar, es el plano espiritual.

Definimos metafísica como una rama de la filosofía que tiene que ver con la naturaleza fundamental de la realidad del ser. **La naturaleza fundamental del ser, de nosotros, es divina, es espiritual**. Cuando decimos ser con minúscula nos referimos a nosotros, a las tres partes de nuestra totalidad. Las tres partes de esta totalidad son: Espíritu, Alma y Cuerpo. Cuando decimos **SER** con mayúscula nos referimos a Dios.

Para comprender la naturaleza fundamental de la realidad de nosotros, debemos entender primero la naturaleza de Dios. **Dios es espíritu**, no es persona. **Dios es**

el bien Absoluto; Omnipresente, Omnisciente y Omnipotente.

El primer principio fundamental de la Verdad es: Dios es el bien Absoluto.

Dios como principio significa que es la base, es el comienzo, es la causa y es el origen.

Dios es el bien activo en todo y en todo lugar.

El principio que es Dios no ocupa espacio, no tiene limitaciones de tiempo o materia y existe eternamente como la causa subyacente de la cual provienen todas las ideas verdaderas, divinas.

Dios es el principio del Bien Absoluto.
"Vio Dios todo lo que había hecho, y he aquí que era bueno en gran manera".   Génesis 1:31

Absoluto es un término que todo estudiante de Verdades Espirituales debe entender.

Lo Absoluto es aquello que es y nunca puede cambiar. Al estudiar, nosotros aumentamos nuestra conciencia y nuestra comprensión de la Verdad Absoluta. La puerta de entrada a lo Absoluto está en nuestro corazón.

Nosotros abrimos nuestro corazón, nuestra alma y nuestra conciencia a toda idea divina **del reino Absoluto de Dios.**

La Verdad Absoluta y eterna que vamos a estudiar y aprender es la que nos enseñó nuestro maestro metafísico espiritual, Jesús.

Vamos a recibir respuestas a nuestras inquietudes espirituales a medida que avanzamos **de lo físico a lo espiritual.**

Si todos los días recibimos verdades nuevas en todos los campos del saber, más importante para nosotros, es que obtengamos conceptos nuevos y más elevados en nuestra vida espiritual.

Nuestro objetivo debe ser discernir la Verdad y demostrarla.

La Verdad Absoluta es universal y todos nosotros tenemos la capacidad de conocerla, al llevar a cabo la actividad de pensar espiritual y metafísicamente. Lo hacemos cuando miramos más allá del plano físico, al plano del pensamiento puro.

La Verdad Absoluta consiste en la suma total de las ideas divinas en su pureza y poder original. Las ideas divinas existen en lo Absoluto, no cambian. Son los patrones espirituales que tienen que ver con todos nosotros y constituyen lo que llamamos el Bien.

Las ideas divinas esenciales y básicas son: *la fe, fortaleza, sabiduría, amor, poder, imaginación, comprensión, voluntad, orden, entusiasmo, renunciación y vida.*

Todas las obras de Dios son creadas como ideas divinas. En otras palabras, Dios crea todas las ideas divinas. La belleza es otra idea divina. Como las ideas divinas existen en lo Absoluto, como ya explicamos, no cambian. Es por eso que la idea detrás de la flor es la belleza y a pesar de que la flor se marchita, la idea detrás de ella no cambia, sigue siendo la belleza. La idea divina detrás de la música es la armonía. La música puede cambiar, pero la armonía no cambia.

La Verdad Absoluta describe el bien puro, no cambia. En lo Absoluto nunca podremos sufrir enfermedad, pobreza, o algo menos que la idea divina perfecta de nosotros, que existe en **la Mente Dios.**

Lo Absoluto es lo opuesto a lo relativo.

Así es que la **verdad relativa** está basada en nuestra experiencia de las apariencias de las cosas, el mundo físico. Sabemos que en el mundo físico hay limitación, cambio, pobreza, enfermedad, sufrimientos, etc. **La razón de que lo relativo esté siempre cambiando** es porque *tiene que ver con el mundo de nuestros pensamientos y sentimientos.* Es el mundo de los sentidos, y es producto de nuestro pensamiento.

Es en ese mundo de nuestros pensamientos y sentimientos donde podemos sufrir enfermedades, tristeza, pobreza, miedos, desarmonía y muerte.

Cuando decidimos cambiar nuestro estado de conciencia, de lo relativo a lo Absoluto, cambiamos nuestra manera de pensar y utilizamos el poder del pensamiento creativo para crear mayor bien en nuestras vidas.

Como lo relativo es cambiante, cualquier condición que exista en lo relativo, tiene el potencial de ser sanada y transformada.

Lo logramos, haciendo un cambio de lo relativo a lo Absoluto en nuestra manera de pensar, sentir y actuar. En otra palabras, haciendo un cambio en conciencia. Estamos haciendo una **transformación y renovación** en la manera de pensar.

La enfermedad es una verdad relativa; puede ser cambiada a salud, pues toda verdad relativa puede ser cambiada a Verdad Absoluta. La salud perfecta es la Verdad Absoluta, que es lo verdadero, lo que no cambia. Podemos curarnos y sanarnos de cualquier enfermedad, afirmando en conciencia que somos sanos, perfectos y libres de toda enfermedad.

Afirmación: *"La vida sanadora de Dios inunda todo mi ser y soy sano ahora"*.

Nuestro ser espiritual no se enferma, ni se puede enfermar.

Cuando decimos **Dios es el bien**, nos estamos refiriendo a cualidades como orden, amor, armonía, paz, comprensión, sabiduría, fe, energía, inteligencia, vida…..

Todo cuanto podamos imaginar que es bueno, en su perfección absoluta, encierra el ser invisible que llamamos Dios.

También nos referimos a **Dios con atributos** y cualidades, tales como: Dios es vida, Dios es armonía, Dios es abundancia, Dios es sabiduría, Dios es amor, Dios es paz, Dios es poder, Dios es orden.

Nos vamos a ir dando cuenta que al nosotros referirnos a Dios lo vamos haciendo más personal, más nuestro, dándole cualidades, atributos y nombres. Es una manera de conocerle más y sentir Su Presencia.

Nos referimos a la Omnipresencia Dios porque está presente en cada parte de nuestro ser.
"Dios es Presencia en mí, siento Su Presencia donde quiera que estoy".

Su Omnipresencia es la esencia de vida que infiltra nuestro espíritu, alma, mente, corazón y cuerpo. Su Presencia está en nosotros, en toda la creación y en el universo.

La siguiente afirmación nos ayuda a lograr una comprensión más profunda de Su Omnipresencia:

"No hay lugar donde Dios no esté"

*La Omnipresencia moradora nos la reveló Jesús y le llamó **"el Padre"**.*

La Omnipresencia Dios nos hace realizar que nunca estamos separados del Bien Absoluto, de Su Omnipresencia, del Poder de Dios, de Su **Omnipotencia** y del conocimiento y sabiduría de Dios, de Su **Omnisciencia**.

Aprender y aplicar el conocimiento espiritual requiere **práctica**, así como también requiere **tiempo**,

compromiso y **dedicación** a la práctica de la Presencia viviente de Dios. La oración es el vínculo para aumentar nuestra conciencia de que siempre estamos en Presencia Dios.

"En la Omnipresencia Dios vivimos, nos movemos y tenemos nuestro ser". Hechos 17:28

Cuando nos referimos a la Omnipotencia Dios estamos conscientes que Dios es la fuente de todo poder, autoridad y fortaleza.

Dios es la Fuente de todo Poder en nosotros, y esa fuente se encuentra en de nuestro interior. De Dios se deriva todo Poder, Vida e Inteligencia.

Es imprescindible que tengamos una comprensión correcta de Dios para lograr la realización espiritual. **Dios es el origen de todo,** no importa el nombre que le demos.

Entre los muchos nombres que le damos a Dios están: **Creador, Ser Supremo, Padre, La Inteligencia Universal, La Fuente, Mente, Presencia, Verdad, el Alpha y Omega, Dador, Ley, Padre/Madre, Dios, Bien Absoluto, Energía, Luz.**

Principio:

Principio quiere decir el punto de partida de donde algo procede, el comienzo o idea fundamental. Principio es una Verdad fundamental universal. El principio no tiene forma, es donde se produce todo. Dios como principio, es perfección, es absoluto, no tiene límite, es incambiable.

Dios es Todo, es principio que va más allá de toda definición y **como principio, es el bien Absoluto expresado en toda la creación.**

Hemos comenzado estudiando la naturaleza de Dios y las cualidades fundamentales. La gran noticia es que **nuestra naturaleza es la misma naturaleza de Dios y está basada en Su naturaleza espiritual. Dios es espíritu. Nosotros, Su imagen, somos espíritu. Eso es lo real, esa es nuestra realidad.**

En la Creación, el hombre espiritual fue creado por la Mente Divina, Dios Mente. Esta escrito. Por nosotros ser una creación de Dios, nuestra herencia es divina y espiritual.

Capítulo: 2

Dios es Mente

Dios es mente. *Cuando decimos Dios es mente, significa que es la Única Mente y que no hay más que una sola Mente, en la cual todas las cosa existen.*

Nosotros expresamos Su Mente, en nuestras acciones y asuntos, cuando nos elevamos en conciencia espiritual. La manera más sencilla de entenderlo es como se nos enseñó: *"Fuimos creados a Su imagen y semejanza"*. Espiritualmente esto quiere decir que fuimos creados a Su idea. **"Dios Mente", nos crea para que expresemos Su Única Mente, en nuestras acciones y asuntos**. Todo lo que expresamos o manifestamos tiene su origen en la Mente.

De ahí, que la Mente Dios crea y nosotros, también mente, creamos. **La mente trae la idea y esa misma mente la expresa.** El orden de crear es de lo invisible a lo visible. El proceso de crear es constante y perpetuo.
"Hágase la luz y la luz se hizo".   Génesis 1:3-5

Nosotros, como creaciones de Dios tenemos acceso a todas las ideas divina de la Mente Dios.

Nosotros **somos co-creadores con Dios.**

Si nos mantenemos en el fluir divino, en esa actitud de **entrega completamente a Dios**, nuestra creación espiritual y material, va a ser por consiguiente, también divina. Es por eso que Jesús, conociendo esa Verdad, nos promete la Tierra por heredad.

Tierra, espiritualmente significa lo externo, lo material, los buenos resultados.

(de la Mano de Jesús capitulo #4, página 89)

La actitud de entrega a Dios en pensamiento, sentimiento y acción, nos mantiene en control y dominio espiritual, mental, y físico. Jesús dice que **son los mansos** los que mantienen esa actitud de entrega a Dios y son receptivos a la voluntad divina. En lo externo van a conseguir buenos resultados

La comprensión espiritual nos revela la Verdad al mantener nuestra alma alerta y receptiva a todas las ideas divinas y a todo el bien que es Dios.

Las creaciones de Dios son siempre espirituales y las creaciones de nosotros son tanto materiales como espirituales.

Las creaciones materiales si las llevamos a cabo en conciencia Dios, producen siempre buenos resultados.

Dios Mente se manifiesta en lo visible de muchas maneras y formas. Cuando lo hace a través de nosotros es maravillo.

Todas las cosas creadas son hechas primero en la mente, como una idea.

Al estar conscientes de nuestra unidad en el **Todo-Dios** y en el **Yo Soy uno con el Todo o Mente Divina**, realizamos que nuestra mente ya se ha preparado para percibir que funcionamos en unidad y no independientemente. Nuestra alma se hace una con y en Dios y la separación o independencia de la Única Mente se ha borrado o disuelto. *Pensamos y actuamos de la manera que Dios piensa y actúa.* **Pensador y pensamiento es lo mismo.**

Nuestra libertad proviene de comprender la Mente Dios y Sus pensamientos hacia nosotros.

"Conoceréis la Verdad y la Verdad te hace libre"

Si Dios es Mente, nosotros somos mente. Entender este concepto nos eleva al nivel de lo Absoluto.

Por el contrario, si no aceptamos que nosotros somos uno con la Mente Dios, **nos movemos en un mundo mental de apariencia,** en otras palabras, en lo relativo.

El mundo relativo es cambiante y es el mundo en el cual vivimos. Es necesario estar conscientes que las cosas que suceden en el mucho relativo, las podemos cambiar. Podemos cambiar la enfermedad a Salud Perfecta, podemos cambiar pensamientos de escases o pobreza, a pensamientos de abundancia, podemos cambiar pensamientos de coraje, envidia, rencores, a pensamientos de alegría, armonía, perdón, amor y paz.

La Fuente Dios es constante e inagotable. Dios no se enferma, a Dios no le falta nada. Es a nosotros que nos corresponde hacer el trabajo de conectarnos.

Tenemos herramientas espirituales para mantenernos en ese fluir que es Dios: **la oración, la reflexión, la meditación y las afirmaciones.**

El **dominio y control** de nuestro pensar nos libera de pensamientos erróneos y negativos. Lograr vida plena y abundante se basa en el control y cambio de nuestra manera de pensar.

Pensar es la función de la conciencia para convertir ideas en pensamientos, conceptos y principios.

Los pensamientos pueden basarse en ideas divinas o impresiones sensoriales externas. Si se basan al máximo en ideas divinas, desarrollamos una poderosa capacidad mental. Si basamos nuestros pensamientos en ideas sensoriales externas, nos corremos el riesgo de errar o no.

El pensamiento está en nosotros. Es a nosotros que nos toca escoger el tema de nuestro pensar y aún más, el escoger el tono emocional que lo acompaña.

La emoción que acompaña un pensamiento produce un estado de ánimo bueno, como no tan bueno.

Las emociones son realmente pensamientos y deben estar alineadas con el propósito de estar alegres, gozosos, en armonía y paz.

Las emociones positivas provocan cambios que promueven vida. Aumentan los niveles de energía en nuestro cuerpo, aumentan la producción de anticuerpos necesarios a nuestro sistema inmunológico, aumenta la producción de la hormona antienvejecimiento y aumenta la resistencia de nuestro cuerpo contra las infecciones.

Las emociones negativas provocan cambios químicos en nuestras células, en nuestros tejidos, órganos y en todo el cuerpo, disminuyendo vida. Agotan los niveles de energía y desarrollamos síntomas, tales como cansancio, dolores, malestares, mal humor y enfermedades del sistema digestivo, cardiovascular, endocrino, neurológico y emocional.

El cuerpo se afecta porque refleja lo que ocurre en nuestros pensamientos, emociones, sentimientos y recuerdos. Es el reflejo de nuestra mente.

Dios creó la idea divina del cuerpo y el hombre la manifiesta con su pensamiento.

Nuestro cuerpo es la expresión externa de nuestra conciencia.

Los pensamientos materiales forman el cuerpo material y los pensamientos espirituales forman el cuerpo espiritual.

Pablo, metafísico e intérprete de las enseñanzas espirituales de Jesús, conociendo está Verdad nos dijo: *"Hay cuerpos celestiales y cuerpos terrenales, pero una es la gloria del celestial y otra la de los terrenales"*.

1 Corintios 15:1

Nuestro cuerpo son pensamientos transmitidos en células, tejidos, órganos y circunstancias.

En el cerebro hay un área donde se encuentra una glándula conocida como la amígdala donde se liberan sustancias hormonales relacionadas con cada emoción en particular. Estas substancias actúan directamente sobre las células.

En el capítulo séptimo de este volumen de Verdades Espirituales, **de lo Físico a lo Espiritual**, nos vamos a exponer a estudios científicos relacionados a las emociones.

Las emociones son una mezcla compleja de percepciones sensoriales y juicios, que han formado normas poderosas. Tienen lugar exclusivamente en la mente subconsciente.

Al transformar nuestra manera de pensar, nuestras condiciones cambian. Nuestro hogar, nuestro trabajo, nuestras relaciones, cambian. Así como pensamos, así es nuestra vida. Experimentamos en lo externo, lo que pensamos en lo interno.

Jesús, como metafísico espiritual, lo dijo de la siguiente manera: *"Tendrás la tierra por heredad"*. La tierra, metafísicamente, significa lo externo. Vamos a ser herederos de todo lo que pensemos. **La causa es lo que pensamos y el efecto es el resultado**

Debemos entender el significado de las palabras *"adentro y afuera"*, tal como las usa Jesús. Adentro significa pensamiento y afuera significa expresión o manifestación.

Jesús, como metafísico espiritual nos decía: que *el Reino de los Cielos (armonía, salud, amor, libertad, serenidad, comprensión)* ***está dentro de nosotros;*** *en nuestra mente, nuestro corazón y nuestra alma.*

La transformación consiste no solamente en cambiar el pensar, sino mantener y sostener nuestro pensamiento, **permanentemente** cambiado.

Poseemos las herramientas para lograr esa transformación. En la espiritualidad nos valemos de la oración, la meditación, las negaciones y las afirmaciones.

Las afirmaciones son declaraciones positivas de la Verdad.

Sentimiento:

Un sentimiento es un pensamiento al cual se le ha dado poder y se ha hecho personal.

Sentir es una reacción mental. Esta reacción mental la podemos evitar si tomamos la decisión de no tomar las cosas que nos suceden a nivel personal.

Como nuestros sentimientos reflejan nuestros pensamientos, al cambiar nuestros pensamientos cambian nuestros sentimientos.

Al escoger lo que vamos a hablar, mirar, escuchar y leer, le damos valor y poder a lo verdadero.

Si logramos observar con detenimiento nuestras reacciones físicas, mentales y emocionales, vamos a saber lo que nos da o no nos da paz, alegría y felicidad.

Acción:

La acción es la expresión o manifestación de los pensamientos.

Cuando actuamos prestando atención a lo divino en nosotros, somos hijos perfectos de Dios manifestando Su semejanza.

Por el contrario, cuando actuamos solamente desde la conciencia de los sentidos, las consecuencias son fracasos y sufrimientos.

Es necesario reconocer solo el bien si queremos manifestarlo y expresarlo. **Es el ojo sencillo.** No debemos ver el bien y el mal. No debemos tener una conciencia dividida. Tampoco debemos hablar bien y mal. Hablar bien es bendecir y decir bien las cosas. Hablar mal es maldecir y decir mal las cosas.

Es vital ver el bien, *"y vio Dios que todo era bueno".*   Génesis 1:31

*Dios es el bien Absoluto, por lo tanto s*e hace necesario comenzar lo antes posible a construir una **conciencia de Cielo.**

Lo primero que hay que entender y saber es que el reino de los Cielos y el reino de Dios no es lo mismo.

El reino de los Cielos es nuestra conciencia de la Verdad y de nuestra unidad con Dios, en crecimiento y desarrollo. Es un proceso en nosotros y está en nosotros en diferentes etapas de comprensión para cada persona. Es relativo para nosotros. Abarca los niveles más elevados de nuestro ser. Jesús nos dijo: *"El reino de los Cielos está dentro de nosotros".*   Lucas 7:21

Como **el reino de los Cielos es un estado de conciencia,** si no podemos permanecer permanentemente en ese estado celestial todo el tiempo, sabemos que podemos volver a él en cualquier momento que deseemos.

Antes creíamos que el reino de los Cielos era un estado que se alcanzaba más tarde, al morir. Ahora sabemos que existe, pero no como creíamos originalmente.

El Cielo es un estado de conciencia en armonía con los pensamientos de Dios. Es un estado de eternidad. En ese estado vivimos en la Presencia Dios eternamente.

Cuando hemos adquirido una conciencia de Cielo no pensamos en tiempo, espacio, vejez, discordia, pues es un estado de armonía perfecto y felicidad suprema.

En el estado de conciencia de Cielo logramos la realización en nuestra mente del Bien Absoluto, Bien Omnipresente.

Nuestra meta como estudiantes de la Verdad es establecer residencia permanente en ese estado de conciencia mental que llamamos Cielo.

Cuando hemos alcanzado ese estado podemos afirmar lo que nos dice Pablo:
"Nuestra ciudadanía está en los cielos". Filipenses 3:20

Como ciudadanos de ese reino celestial en nosotros, en nuestra propia vida y experiencia, estamos conscientes que **somos luz** del mundo y ejercemos influencia luminosa sobre toda la humanidad.

Al alcanzar ese estado de conciencia de Cielo hemos dado un **"salto cuántico"**, como veremos en el capítulo #11, física cuántica y su relación con las leyes invisibles de la vida.

En ese estado de conciencia nos fortalecemos en salud, atraemos personas positivas y espirituales a nuestra vida, hacemos venir la prosperidad y nos establecemos en paz. *"La paz es la serenidad de nuestra alma"*.

El reino de Dios es Absoluto, es Omnipresente, ilimitado, inmutable y puro. Es el reino de las ideas divinas.

No podemos olvidar el estado de conciencia contrario al de Cielo y que conocemos como **el estado de conciencia de infierno**. Si nos remontamos a la historia, en el pasado los pueblos tenían que echar los desperdicios de todo tipo en algún lugar. A ese lugar, que se encontraba en las afueras de las ciudades, se le llamaba *"inferno"*. Ese lugar se mantenía prendido en fuego y funcionaba como un crematorio.

El infierno es un estado de conciencia mental y correctivo. Si hemos llegado a un límite, cometiendo errores en pensamientos y acciones, vamos a ser sancionados mental y físicamente, al poner en marcha en contra nuestra, la Ley de Causa y Efecto (capítulo 7).

Si dejamos de errar, las impurezas de nuestro carácter se queman, **este es el fuego purificador** del cual la Biblia hace referencia.

Al eliminar de nuestra mente pensamientos negativos y de error, la totalidad de nuestro ser se purifica y salimos del estado de conciencia de infierno.

No hay más que ir a la Biblia y entender lo que metafísicamente Juan El Bautista dijo del bautismo de Jesús. "Yo *vine a bautizar con agua, pero el que viene, bautizará en Espíritu Santo y fuego"*.   Mateo 3:11

de Adán a Jesús, paginas 111-112

El fuego, metafísicamente simboliza limpieza y purificación. **El fuego del Espíritu** es realidad que consume las impurezas de los sentidos. Cuando el error se consume, el fuego cesa. *El fuego espiritual consume solo cuando encuentra cualquier cosa que no tenga su misma naturaleza.*

Quema en nosotros las malas costumbres, las tradiciones equivocadas, los razonamientos y pensamientos colectivos negativos.

Ahora entiendes a Jesús, ahora sabes lo que te dijo Juan El Bautista, ahora sabes que el fuego de Dios consume las impurezas de la conciencia negativa y nos revela **el Cristo.**

Cuando expresamos el Cristo en todas nuestras acciones, las impurezas de nuestro carácter se queman y dejamos de errar. Vivimos en conciencia de Cielo y Paraíso.

En el hombre de conciencia purificada, el fuego se manifiesta como vida eterna.

Vida eterna es vivir eternamente la vida Dios en nosotros, aquí y ahora, eternamente.

Muchas religiones han mantenido el concepto de *"infierno"* como un lugar de castigo, de sufrimiento, de dolor y miedo, donde el fuego te quema físicamente. Debes saber y entender que **no es un lugar físico**. Es un estado de conciencia.

Recuerda que si sigues pensando en un lugar físico, el cual nadie ha visto, es debido a que nuestro subconsciente, de tanto oír esa información la ha memorizado erróneamente.

Sí debes saber que cada vez que sentimos emociones negativas de coraje, envidia, celos, odios y desobediencias, desarrollamos sentimientos que nos hacen sentir en el estado de conciencia de infierno.

El estado de conciencia adánica te mantiene en ese estado de infierno, en cambio el estado de conciencia Crística te mantiene en el estado de conciencia de Cielo.

Libro: **de Adán a Jesús.**

Capítulo 3

La Mente Dios y la mente humana.

Dios es Mente significa que es la Única Mente y que no hay más que una sola Mente, en la cual todas las cosas existen.

La relación que existe entre la Mente Dios y la nuestra es directa. **Nuestra mente es una extensión de la Mente Dios.** Si lo comprendemos de esa manera, podemos entender que somos uno con la totalidad, Dios.

La Presencia de la Mente Dios en nuestra alma no podemos explicarla literalmente, requiere discernimiento espiritual.

La Mente Dios está en todos nosotros. Está pensando en nosotros y estimula nuestra mente para que capte las ideas de Verdad y las exprese.

En nuestra mente están los mismos atributos de la Mente Dios. A través de la Mente Dios, que se encuentra en nosotros, tenemos acceso a un poder infinito. Por lo tanto tenemos acceso a todo lo conocido, como a lo no conocido. Tenemos acceso a lo limitado como a lo ilimitado. Más aún, tenemos la capacidad de acceso a la

creatividad ilimitada de Dios. Somos parte del Todo-Dios.

Al reconocer que somos uno con Dios, nos hace participar de lo Absoluto. Como los atributos de Dios están en nosotros en potencialidad, nos corresponde avivarlos y acelerarlos, para poder expresarlos.

Más aún, como creación divina, tenemos las mismas características de Dios y es por eso que podemos comprender al infinito. *Es maravilloso saber que lo finito comprende lo infinito, al lograr contacto con la actividad de Dios; viviendo, moviéndose y teniendo nuestro ser en esa totalidad, Dios.*

Lo divino de Dios está en nosotros, somos divinos por herencia divina. Es por eso que podemos comprender el plan y las ideas de la Mente Dios.

Llamamos a las ideas de la Mente Dios, ideas divinas y son el fundamento de lo que deseamos. Son el fundamento de la Causa. Son inagotables, pues nos vienen de la Mente Dios.

El reino de las ideas divinas es el reino de Dios dentro de nosotros.

La naturaleza de la Mente Dios es **Omnipotente** (todo lo puede), **Omnipresente** (siempre presente) y **Omnisciente** (todo lo sabe).

Nosotros expresamos Su Mente en nuestras acciones y asuntos, cuando nos elevamos en conciencia espiritual. *Ese es el anhelo de nuestra alma, expresar en todo a Dios.*

La manera más sencilla de entenderlo es aceptando a Dios como nuestro Creador. Fuimos creados por un Creador Perfecto, que crea Su creación a Su idea, a Su imagen y semejanza. Dios Mente nos crea para que expresemos Su Mente Única en nuestras acciones y asuntos. Todo lo que expresamos tiene su origen en la Mente.

De ahí que todos somos co-creadores con Dios. Dios Mente crea y nosotros, también mente, creamos.

Un flujo de ideas en nuestra mente comienza a trabajar cuando iniciamos el trabajo de crear. Disfrutamos en el camino de crear. **Crear es un camino y no el destino.**

Jesús expresó muchas maneras de cómo co-crear: *"Hasta ahora, mi Padre trabaja y Yo trabajo".*   Juan 5:17

"No puede el hijo hacer nada por sí mismo, sino lo que ve hacer al Padre".   *Juan 5:19*

"Todo lo que el Padre hace, también lo hace el hijo".

Co-creadores con Dios *quiere decir que Dios crea en el plano ideal y nosotros llevamos a cabo, en el mundo de la manifestación, lo que Dios ha ideado.* **En otras palabras, Dios crea una idea y esa idea se manifiesta a través de nosotros.** Expresamos la idea creada por Dios. Esa Verdad es maravillosa.

Si entendemos este concepto espiritual, se nos hace más fácil entender la idea del **"Cristo",** cuando la expresamos de la siguiente manera: *"Cristo es la idea perfecta que tiene Dios del hombre perfecto".* El que mejor ha manifestado esa idea perfecta que tiene Dios del hombre perfecto, es Jesús. De ahí que se le llama Jesucristo o Jesús, el Cristo.

Cristo es la semilla divina implantada en nosotros. Es nuestro ADN espiritual. *Es la parte de Dios que está en cada persona.* Nos corresponde a nosotros demostrar o expresar el Cristo, expresando nuestra divinidad en nuestras vidas y asuntos.

Jesús es la expresión perfecta del hombre, como **idea** divina. Es el hombre perfecto demostrado.

*La mente trae **la idea** y esa misma mente, la expresa.*

(La mente, la idea y la expresión son las tres etapas de la manifestación en la Mente Dios y en nosotros).

Explicación de la Trinidad de Dios, de las tres etapas de la manifestación de Dios y de nosotros, de la trinidad de nuestra naturaleza y la trinidad de nuestra mente.

La trinidad de Dios significa, un solo Dios en tres fases de expresión. Esta trinidad se compone de: Padre, Hijo y Espíritu Santo.

> Padre= Dios
>
> Hijo= Jesús
>
> Espíritu Santo= la actividad de Dios en cada uno de
>
> nosotros.

Las tres etapas de la manifestación de Dios son:

> Mente= La Mente Dios / la mente nuestra. (**Nuestra mente es la extensión de la Mente Dios).**
>
> página #19

> Idea= Es la idea creada en la Mente Dios / la mente nuestra.

> Expresión= es la manifestación de la idea creada
>
> por Dios y esa misma idea se manifiesta
>
> a través de nosotros y por nosotros.

La trinidad de nuestra naturaleza es:

Espíritu

Alma

Cuerpo

- Leer y repasar las páginas 70-77 del libro **de Médico a Maestro**.

La trinidad de nuestra mente es:

Mente super consciente

Mente consciente

Mente subconsciente

- La mente super consciente, consciente y subconsciente van a ser explicadas en el capítulo #6, páginas 96-97-98 de este libro: **de lo Físico a lo Espiritual**
- Leer y repasar las páginas 77-84 del libro **de Médico a Maestro**

El Cristo
"El Espíritu de Dios en nosotros"

La explicación sencilla y a la cual Pablo llama el misterio mejor guardado y oculto desde los siglos y generaciones pasadas, es **Cristo en nosotros** (el Cristo morador).   Colosenses 1:12

Esa idea, **"el Cristo"**, existía en la Mente Dios desde muchos siglos antes de Jesús y fue Él, Jesús quien manifestó completamente esa idea perfecta, ese principio encarnado del Dios hombre, al comportarse a la altura de la medida divina. De ahí que se le llama Jesucristo o Jesús el Cristo.

La Mente Dios tiene **una idea perfecta** del hombre perfecto y esa idea, la Mente Dios la expresa como **"el Cristo"**.

"el Cristo", la idea perfecta que tiene Dios del hombre perfecto, creado a Su imagen (idea) y semejanza, está en cada persona.

Para todo lo que existe hay una idea básica, un patrón invisible, del cual las cosas adquieren su forma y carácter. Nosotros no somos la excepción.

El Cristo es la parte de Si mismo que Dios ha puesto dentro de nosotros. Todos tenemos el mismo Cristo y nos corresponde a cada uno de nosotros expresarlo.

Jesús sabía y reconoció, que esa idea perfecta del hombre perfecto en la Mente Dios, no era para Él solamente. Decidió hacérnoslo saber, reconociendo también nuestra divinidad y diciéndonos:
"Sed perfectos, como vuestro Padre que está en los cielos es perfecto." Mateo 5:48

Jesús sabía que el Cristo que estaba en Él, está en nosotros, y nos decía, *"Las mismas cosas que Yo hago, ustedes las pueden hacer y mayores aún".* Juan 14:12

Pedro fue el primero en reconocer **"el Cristo"** en Jesús. Mateo 16:16

La idea del Cristo en nosotros es algo en crecimiento. Es por eso que nos referimos a esa idea como la semilla de nuestra divinidad: *"La semilla divina implantada en nosotros desde la creación".*

El Cristo no es estático, es dinámico y está en constante crecimiento en nosotros.

Todas las cosas que se han creado fueron creadas primero en la mente, como una idea. En otras palabras, fueron ideadas.

El orden de crear es de lo invisible a lo visible. Dios se manifiesta en lo visible de muchas maneras y formas.

El ser Crístico es invisible, intangible, pero se manifiesta en lo visible. Está entretejido en todas las fases de nuestra vida si tenemos ojos para verlo y la intuición divina para reconocerlo. El concepto del Cristo se superpone a los límites del intelecto. Acudimos a la meditación para que se nos revele ese gran misterio que una vez estuvo oculto y ahora está presente y activo en nosotros.

Cuando Dios se manifiesta a través de nosotros es maravilloso. Ejemplo: Todo el bien que nosotros hacemos, es Dios manifestándose a través de todo lo bueno.

Se manifiesta a través de nosotros porque Dios no tiene manos y nosotros somos las manos de Dios. Dios no tiene pies y nosotros somos los pies de Dios. No tiene boca y nosotros somos la boca de Dios.

Es por eso que si quieres conocer a Dios, mírate en Dios. Como somos parte del Todo-Dios, nos debemos conocer como una idea integral del Todo. Si nos salimos de la trinidad de Dios, nos convertimos en espectadores. Por el contrario, si entramos en la trinidad de Dios, nos convertimos en la avenida de expresión de Dios.

Pablo, apóstol y metafísico espiritual tenía dominio de todos estos conceptos de Verdades Espirituales. El conocía la idea del Cristo. La afirmación más poderosa que expresó durante todo su ministerio fue: **"Cristo en vosotros, esperanza de gloria"**. Nuestra esperanza de gloria es que nosotros podemos conectarnos con **el Cristo** que está en nosotros y que es mayor que el que está en el mundo.   Colosenses 1:27

Nosotros, cuando llegamos a la comprensión de nuestro propio espíritu Crístico, nos hemos conectado con el Cristo morador en nosotros; nos hemos conectado con la idea de Dios en nosotros. Hemos tocado Su manto… *"Si tocare solo Su manto"*, significa hacer contacto con el Cristo. Desde ese momento en adelante, podemos *"ver"* esa idea de Dios en los demás.

"Si tan sólo pudiera tocar Su manto, quedaría sana". Entonces se acercó a Jesús por detrás y tocó su manto".
                                    Mateo 9:20

Tocar significa hacer contacto con el Cristo morador. Este acto activa el poder Omnipotente de Dios.

"Alguien me tocó, porque me di cuenta que de mí había salido poder".   Lucas 8:46

"Amamos a Dios, cuando amamos Su imagen en nuestros semejantes".

Conocemos a los demás en espíritu. En espíritu sí sabemos cómo es cada cual. Lo sabemos al ver el **Cristo.** *"Lo personal no se ve".*

La conciencia Crística es la mente perfecta. Es la mente supra consciente. Es la conciencia edificada con el ideal Crístico o en relación absoluta con Dios.

En el libro **de la mano de Jesús**, Jesús nos dijo que todos tenemos el Espíritu de Dios en nuestro interior: **el Cristo,** que es la semilla divina implantada en nosotros, nuestro ADN espiritual. Por lo tanto, cada persona es divina.

Jesús continuó diciéndonos que Cristo es lo más elevado que podemos ser, **es la idea de Dios en nosotros.** Cristo es el ser espiritual perfecto en cada uno de nosotros.

Jesús nos explicó que **Cristo** no es una persona. Es un grado de estatura que Él logró, y además, es un grado de estatura potencial que mora en todos nosotros. Finalizó diciéndonos, *"Yo Soy un ungido de Dios, Mi Fuente* *proviene de Dios y ustedes son ungidos de Dios porque vuestra Fuente también proviene de Dios".*

"Vosotros tienen la unción (son ungidos) de Dios".

1 Juan 2:20

Todos los que somos hijos de Dios, sabemos que Dios nos ungió con Su Espíritu.   2 Corintios 1:21

"El Espíritu de Dios está sobre mí, por cuanto me ha ungido".   Lucas 4:18

Ungido es aquella persona que está consciente que su verdadero fluir espiritual proviene de la fuente, Dios. El ungido dedica sus pensamientos diarios a Dios y se entrega completamente a Él.

Capítulo 4:

Conocer a Dios

No se puede amar lo que no se conoce.

El cielo que ganamos por conocer a Dios es inevitable, no importa lo que esté sucediendo.

Cada uno de nosotros sólo puede conocer a Dios de su propia experiencia.

El anhelo de nosotros es conocerle. No hay manera de conocerle hasta que no entendamos Su naturaleza. Su naturaleza nos la reveló nuestro maestro espiritual, Jesús. Nos dijo, **Dios es espíritu,** a través de Su conversación con la samaritana. Juan 4:24

Nuestra naturaleza también es espiritual. Cuando estudiamos la naturaleza triple de nosotros en las Verdades Espirituales, sabemos que somos espíritu, alma y cuerpo.

Si la naturaleza de nosotros es espiritual, al igual que la naturaleza de Dios, nosotros a su vez somos de naturaleza divina. Somos seres divinos creados a la idea de un Creador divino y perfecto. Un Creador perfecto crea perfecto. Nos corresponde a nosotros expresar lo que Dios es. Cuando expresamos lo que Dios es *(las cualidades y* *atributos que hemos estudiado*), estamos expresando Su semejanza.

"Con el soplo y aliento de vida, vinimos a ser un alma viviente".   Génesis 2:7

Somos un alma viviente quiere decir que otra parte de nuestra naturaleza triple, además de la **Espiritual**, corresponde a nuestra **Alma.** La tercera parte de nuestra naturaleza triple es nuestro **Cuerpo.**

Nuestra alma sabe que "**somos parte de algo más, de algo mayor, de algo más grande**". Jesús, que sabía que nosotros íbamos a tener el deseo de conocer a Dios, nos lo dijo de la siguiente manera:

"Mayor es el que está en mí que el que está en el mundo".   1 Juan 4:4

Nuestra alma siempre se está desenvolviendo en las ideas de Dios y éstas ideas son eternas e incambiables.

El alma es eterna. Está en contacto con lo verdadero de Dios, lo espiritual y también con lo humano de nosotros y las experiencias de vida. Ese es el ir y venir de nuestra alma, del cielo a la tierra.

Somos parte de algo mayor. Somos parte de **la totalidad, Dios.** Esa totalidad está en nosotros. ¡Maravillosa Verdad!

Cuando conocemos a Dios expresamos lo que Dios es. Si Dios es Vida, nosotros somos Vida, si Dios es amor, nosotros somos amor, si Dios es paz, nosotros somos paz, si Dios es sabiduría, nosotros somos sabiduría, si Dios es orden, nosotros somos armonía y orden, si Dios es belleza, nosotros somos bellos y bellas y así sucesivamente, hasta entender que Dios es espíritu y nosotros, Su imagen, también somos espíritu.

El cuerpo, si está de acuerdo con los pensamientos de vida, amor y sustancia, poder e inteligencia, se renueva constantemente.

Nuestro cuerpo sana porque Dios es la vida perfecta fluyendo a través de nosotros. Dios es la única sustancia pura de la cual está formado nuestro cuerpo.

Se nos dio un alma y un cuerpo para expresar los atributos de Dios. Cómo Dios no tiene manos, nosotros somos las manos de Dios, no tiene pies, nosotros somos los pies de Dios, no tiene boca, nosotros hablamos y expresamos lo que Dios nos habla y así sucesivamente.

Necesitamos recordar que Dios no nos habla con palabras y sí nos habla en el Silencio. Es por eso que debemos aquietar y relajar nuestro cuerpo, sosegar nuestra alma y escuchar en la quietud del Silencio. **La meditación** es escuchar a Dios y unirnos con la Fuente de todo Su Bien.

La oración es hablar a Dios. Es un ejercicio espiritual que nos expande nuestra capacidad espiritual de vivir conscientes de la Presencia de Dios en nosotros y a nuestro alrededor.

Algo en nosotros nos susurra que la vida es más que lo que vemos, sentimos y palpamos. Hay algo más por desarrollar y expresar. Estudiar, aprender y aplicar el conocimiento espiritual, nos dirige a nuestro deseo y logro de resultados.

Nuestra vida es plena cuando encontramos nuestro sentido de propósito.

Nuestra vida tiene sentido al centrarse siempre en la Presencia Dios en nosotros.

Ese deseo constante de conocer a Dios nos revela la Verdad acerca de nosotros.

Deseamos conocer a Dios porque hemos gastado mucho tiempo de nuestras vidas pensando diferente y nos sentimos insatisfechos. El deseo de toda persona, de toda alma, es conocer a Dios.

A Dios le encanta ser glorificado por medio de nosotros. **La oración y la meditación** nos mantienen centrados en su Presencia.

Si pensamos, sentimos y hablamos, partiendo de la divinidad en nosotros, descubriremos y conseguiremos ser lo mejor de nosotros

Capítulo 5

Espiritualidad

de lo físico a lo espiritual tiene como propósito enseñar e instruir espiritualmente a todo estudiante de la Verdad, ya que somos seres espirituales viviendo una experiencia humana.

Son muchas las personas que dicen no saber que es la espiritualidad. Se preguntan si hay alguna diferencia entre la espiritualidad y la religión.

Las diferencias son muchas. **La mayor diferencia es que la espiritualidad es una sola y las religiones son muchas.** Jesús, nuestro maestro espiritual, no fundó ni enseñó religión. La base de todas Sus enseñanzas es espiritual.

Jesús se refería a los que no practicaban la espiritualidad o dudaban de sus enseñanzas, como dormidos espiritualmente. Los animaba a que despertasen en conciencia espiritual.

El mejor ejemplo fue el de Su amigo Lázaro. Le dijeron, *"Lázaro está muerto"* y Él canceló diciendo: *"Lázaro duerme, vamos a despertarlo"*.   Juan 11:11

La espiritualidad es para los que están despiertos y se han levantado a un nivel superior en conciencia.

La espiritualidad, en ese estado, nos conduce por el camino superior.

Han oído el llamado externo y se han despertado internamente para ser escogidos/elegidos.

No adelantas espiritualmente sin estudiar, orar, meditar, afirmar y seguir las enseñanzas de Jesús.

La espiritualidad puede y debe ser cultivada. Todas las personas avanzadas la han estudiado y practicado en sus vidas.

El modo como vivimos refleja nuestros valores, intenciones y propósito.

Nuestra verdadera y real riqueza es la riqueza espiritual y mental. Las otras riquezas nos son añadidas según nuestra alma progresa.

de la mano de Jesús, página 125-126

En la espiritualidad, nuestra **voz interior** y nuestra **intuición espiritual** siempre están listas, alertas, atentas y receptivas a lo divino.

La intuición espiritual es un conocimiento interior, es la sabiduría del corazón. A la intuición espiritual le llamamos el sexto sentido. Es a través del poder de la intuición que nosotros tenemos acceso a todo conocimiento y a la sabiduría de Dios.

En la espiritualidad sabemos que **la voz interior** es la voz del Espíritu de Verdad en cada uno de nosotros, **la voz suprema.**

En la religión, por el contrario, estamos atentos y esperando a que otra persona nos conduzca o nos diga qué hacer. La religión se basa en ritos, dogmas, reglas, que hay que cumplir por temor a condenación, castigos presentes o futuros, culpas y pecados.

En la espiritualidad, permitimos que el Espíritu Dios fluya en nosotros y traiga el bien a nuestras vidas.

No somos espirituales si aceptamos y reconocemos el mal.

En la espiritualidad no hablamos de pecado, por el contrario, se nos invita a aprender del error, a buscar la paz interior y la serenidad de nuestra alma. Jesús en su primer mensaje, *Las actitudes de ser o bienaventuranzas*, nos dijo: *"Bienaventurados los pacificadores (los que buscan la paz), porque ellos son llamados hijos de Dios"*.

de la mano de Jesús, capítulo 4

Las enseñanzas de Jesús están basadas en la espiritualidad. No son enseñanzas literales o en lo humano, por el contrario son **de lo físico a lo espiritual**.

En la espiritualidad eres llamado a estudiar, razonar, cuestionar y buscar lo sagrado en todos los libros.

En la espiritualidad ponemos a Dios primero en nuestra vida y asuntos. Aprendemos a orar, meditar y reflexionar, a la manera de Jesús. Aprendemos conceptos, principios, leyes mentales, espirituales y universales, las cuales todas fueron creadas por Dios. La espiritualidad te enseña que el conocimiento y uso correcto de estos conceptos, nos conduce a una vida abundante y plena.

La espiritualidad te concientiza a ser parte de la totalidad, Dios. Aprendes a saber que todo lo creado es para beneficio y disfrute de la humanidad.

La práctica de la espiritualidad nos hace trascender y vivir en conciencia de gloria, gracia y de paraíso, aquí y ahora.

La forma de Jesús hablar y relacionarse con Dios abrió a la humanidad el camino a la espiritualidad.

Jesús, como maestro espiritual, se mantenía siempre en conciencia del **Aquí y el Ahora**. Esto es: vivir en el presente, en el aquí y en el ahora, tal como le dijo Jesús a su compañero en la cruz: *"Ahora estarás conmigo en el paraíso"*.   Lucas 23:43

Los textos de psicología y metafísica, en su gran mayoría, están escritos de una manera que los que no tienen conocimiento para entenderlos, no los comprenden. En la espiritualidad, sabemos que es el Espíritu Santo quien nos lo enseña y revela todo.

de lo físico a lo espiritual está escrito en términos claros, sencillos y prácticos, para que sea comprensible al que desea conocer la Verdad de Dios. Dios es Espíritu y nosotros, Su creación, somos espirituales.

Los que piensan que la espiritualidad , la Verdades Espirituales y la metafísica espiritual es para los más educados e intelectuales es porque todavía su alma no se ha levantado a la Verdad de que Dios es Espíritu y nosotros, Su creación, somos espirituales.

El Espíritu Santo es la actividad de Dios en cada uno de nosotros y en toda la creación. Nos revela y nos recuerda toda la Verdad.

Dios es Espíritu y el Espíritu habita en la parte invisible de nuestra naturaleza triple: Espíritu, Alma y Cuerpo.

de lo físico a lo Espiritual nos va a contestar muchas de nuestras dudas e inquietudes espirituales. Vamos a desarrollar una conciencia espiritual poderosa y valerosa. De ahora en adelante, cuando nos hablen de espiritualidad y de Dios, no vamos a dar la vuelta e irnos. El tema no nos va a aburrir. Por el contrario, Dios se convertirá para nosotros en el protagonista de TODO. Aplicaremos todo conocimiento de la Verdad en nuestras vidas.

Nos daremos cuenta que el trabajo espiritual es individual. Nuestra transformación y renovación nos corresponde hacerlo a nosotros, y no a la religión.

Se hace necesario leer y releer los principios, conceptos y Verdades Espirituales. Cada vez que oímos, leemos y hablamos Verdades, se despiertan las células dormidas en nuestro cuerpo. **La repetición** hace que tropecemos con la misma idea y la comprendamos mejor. Nuestra mente, nuestro corazón y cada célula de nuestro ser comienzan a trabajar la idea y al poco tiempo *"se hace la luz"*. Aceptamos la idea, nos apropiamos de ella, y luego la ponemos en práctica. Y *se hizo la luz"*.

La idea se manifiesta a través de la repetición. En nuestra vida espiritual se necesita la práctica continua, para que se manifieste lo aprendido. Nos daremos cuenta que para que penetren las verdades e ir despertando **de lo físico a lo espiritual,** no necesitamos hacer esfuerzos, por el contrario, nos dejaremos ir en el fluir de Dios.

En la espiritualidad nos dejamos ir y fluir en la guía que es Dios en nosotros. **Dios es la guía y está en nosotros**.

La espiritualidad es un proceso natural, eso sí, hay que hacer el trabajo de leer, releer y volver a leer, hasta que nos apropiemos de la Verdad. Eso es todo.

Siempre debemos tener cerca de nosotros un libro de Verdades Espirituales. Cuando lo tenemos a nuestro alcance y los releemos, vamos a lograr la realización.

Realización es el proceso mediante el cual impregnamos la totalidad de nuestra conciencia con la idea o el pensamiento del cual queremos apropiarnos. Podemos apropiarnos de pensamientos de paz, armonía, compasión, agradecimiento, salud, gozo y alegría, fe, fortaleza,..........

Cada vez que nos enfrentemos a una situación angustiosa o molesta, las ideas y pensamientos que han impregnado nuestra conciencia, nos quitarán la atención a esas situaciones. Al apropiarnos de pensamientos de armonía, paz, gozo, alegría, fe, fortaleza, comprensión, las situaciones negativas desaparecerán de nuestras vidas y asuntos.

Oración de realización:

- La Vida de Cristo llena mi cuerpo,
- El amor de Cristo llena mi corazón,
- La sustancia de Cristo llena mis asuntos,
- La belleza de Cristo resplandece a través de mí como fe, libertad, alegría, valor, poder y paz.
- Cristo se manifiesta en mí.

Oración de la mañana:

Saludo la divinidad en mí

Soy fuerte y capaz

Puedo hacer todo lo que necesito hacer hoy

Mi mente está alerta, mi cuerpo vital y saludable

Y mi camino está lleno de oportunidades maravillosas

Gracias Dios porque esto es así, Amen

Capítulo 6

Vida interna del ser: lo verdaderamente real.

"Las cosas espirituales se disciernen espiritualmente". 1 de Corintios 2:14

Si vamos a pensar, sentir, hablar y actuar espiritualmente, necesitamos conocer y aprender el idioma de la espiritualidad.

La palabra es divina. Las palabras son los pensamientos expresados y los pensamientos se componen de ideas.

Si aceptamos que el lenguaje espiritual es un lenguaje divino y las ideas divinas son perfectas y puras, podemos decir que ellas son el lenguaje de la espiritualidad.

Las ideas divinas son los patrones espirituales que constituyen lo que llamamos el Bien.

En el lenguaje espiritual, la Biblia tiene un lugar muy destacado. El primero que pronuncia la palabra de Dios, es Dios mismo: *"En el principio existía la palabra y la palabra era Dios y la palabra está con Dios".* Juan 1:1

El lenguaje espiritual desciende de lo alto, de lo divino, de Dios. En nosotros se encuentra en esa parte de nuestra mente que hemos llamado la mente supra consciente. Esa es la mente espiritual en nosotros.

Cuando somos niños, la totalidad de nuestra naturaleza triple está impregnada espiritualmente. Nuestra alma y nuestro cuerpo están totalmente espiritualizados.

Nacemos espiritualmente puros y perfectos. Las ideas divinas que forman las palabras, están en nuestra mente supra consciente y subconsciente. Nuestro subconsciente se alimenta espiritualmente de la mente supra consciente.

Es a medida que crecemos y que vamos recibiendo información no espiritualizada, que vamos invirtiendo el proceso y alimentamos el subconsciente directamente de la mente consciente, de lo humano, en lugar de alimentarlo de la mente supra consciente o mente espiritual.

El hombre espiritual nunca invierte el proceso. La idea, el pensamiento, la palabra y la acción vienen de la mente espiritual, de lo alto.

Nuestra mente espiritual es la que lleva a cabo el despertamiento y regeneración, glorificando lo divino en la mente subconsciente.

En el lenguaje espiritual lo más que impacta es el lenguaje de Dios, **el Silencio**.

Nuestro vocabulario humano sufre una transformación en palabras, por palabras aprendidas de Dios. Son palabras que salen y llegan al corazón, que salen y llegan a nuestra alma, a nuestra conciencia.

En el lenguaje espiritual no interviene el intelecto. Pensamos y hablamos de la manera que Dios piensa y habla. *"La palabra se hace carne y la carne palabra"*. En el idioma espiritual nos valemos de Jesús, la palabra hecha carne.   Juan 1:14.

Él es nuestro Señalador del Camino, la Verdad y la Vida. En el lenguaje espiritual todo está a la altura de Dios, a la altura de lo sublime y verdadero.

Es un idioma o lenguaje al cual todos tenemos acceso, pues es natural a nuestro ser, a la realidad verdadera, a nuestra vida interior.

Todos los discípulos de Jesús representan ideas, pensamientos y palabras divinas. Representan poderes y facultades que todos tenemos y que existen en nuestra mente subconsciente.

Los poderes que se nos han dado por herencia divina, al principio trabajan **en lo físico** y personal. Cuando nuestra alma y nuestra mente subconsciente se transforma, se regenera y aviva, a través de la mente super consciente o mente Crística, trabajan **en lo espiritual**.

Existen infinidad de poderes y facultades en nosotros. En metafísica espiritual, las doce facultades básicas son representadas por los doce primeros discípulos de Jesús:

Podemos decir que ellos, los discípulos de Jesús, representan las doce facultades espirituales básicas.

En metafísica espiritual reconocemos que los discípulos son dirigidos por el **Yo Soy, Jesús.**

La metafísica espiritual localiza a **Jesús, el Cristo, el Yo Soy**, en la montaña donde se retiraba a orar y en lo físico, localizamos ese lugar o centro Crístico, en la coronilla de nuestra cabeza.

La metafísica espiritual localiza los poderes o facultades en diferentes áreas del cuerpo: la Fe en la coronilla de la cabeza (glándula pineal), el Poder en la garganta, la Imaginación, en los ojos, Entusiasmo, en la base del cerebro, Amor en el corazón, Sabiduría en el estómago (plexo solar), Fortaleza en los lomos,

Comprensión y Voluntad, en la parte frontal del cerebro, Orden detrás del ombligo (centro gangliónico), Renunciación, parte baja del abdomen y Vida, en la función generativa.

El Yo Soy es el nombre de la naturaleza de Dios en nosotros y nos dirige desde lo más elevado.

En la espiritualidad, el centro Crístico en nosotros dirige los poderes para que se complementen y actúen armoniosamente, espiritualizando nuestra alma.

La super mente, la mente Crística, es la que lleva a cabo el despertamiento y regeneración, glorificando lo divino, en la mente subconsciente. Desde ese momento comienza la gran obra en nosotros.

Cada discípulo de Jesús representa una facultad espiritual:

La Fe es representada por Pedro. A Pedro, en el Nuevo Testamento, se le considera el padre de la Fe. En el Antiguo Testamento fue Abraham el padre de la Fe.

La Fortaleza es representada por Andrés, hermano de Pedro.

La Sabiduría es representada por Santiago, hijo del Zebedeo. Santiago era primo de Pedro y Andrés.

El **Amor** es representado por Juan, hermano de Santiago y también hijo del Zebedeo. Ambos Juan y Santiago eran hijos de Salomé, la comadrona que asistió en el pesebre, a María durante el parto y luego los acompañó a Egipto. **de la mano de Jesús,** paginas 21-22

El Poder es representado por Felipe.

La Imaginación es representada por Bartolomé.

La Comprensión es representada por Tomás.

La Voluntad es representada por Mateo.

El Orden es representado por Santiago, hijo del Alfeo.

El Entusiasmo es representado por Simón.

La Renunciación es representada por Tadeo.

La Vida: la vida irredimida es representada por Judas y la vida redimida, por Matías.

Nota: Matías fue el discípulo que sustituyó a Judas. Fue escogido y seleccionado en el Aposento Alto. Pedro dirigió la oración en la cual se le reveló el sustituto.

Hechos 1:12-26

Las ideas divinas se encuentran en nuestra alma, en nuestro corazón y en nuestra conciencia, específicamente en la mente supra consciente.

El hecho de que las ideas divinas se encuentren en nosotros no hace que las conozcamos y más aún, que las expresemos. Para poder expresarlas debemos conocer, al menos, las ideas divinas básicas y avivarlas para que la totalidad de nuestra consciencia se impregne de ellas.

La práctica constante y sin cesar de la oración, meditación y reflexión, nos conduce a aplicar los poderes en cualquier situación que pueda surgir en nuestras vidas y en las de los demás.

Todas estas cualidades, poderes, facultades y muchas otras, nos pertenecen a todos, por nuestra herencia divina, por nuestra divina filiación. Sabemos que las personas que no practican las Verdades Espirituales, solamente desarrollan una fracción de ellas.

Fe

La Fe pone en acción la gran maquinaria espiritual y nos conecta con la energía todopoderosa para ver más allá de las apariencias.

A través de la Fe creemos sin ver, porque nos establecemos en la Verdad. La Fe nos sostiene ante la duda y hace visible lo invisible.

Cuando tenemos fe todo lo que necesitamos o deseamos obtener lo obtenemos, porque *al que cree, todo le es posible.*

La fe es el convencimiento interno de que el Espíritu de Dios nos acompaña siempre, expresando cualidades divinas, por medio de nosotros.

Por fe yo sé que mi bien está disponible en cada situación.

Fortaleza

Toda Fortaleza tiene su origen en el espíritu. La fortaleza no es solamente física. Es una fuerza poderosa, proviene de Dios. Es la *fortaleza espiritual.*

La fortaleza física es la del hombre natural. Un ejemplo clásico de fortaleza espiritual es el vencimiento de Goliat por David. Vemos cómo el hombre espiritual vence al hombre físico.

"Mi fortaleza viene de Dios"

Sabiduría

La sabiduría es la voz de Dios. Es intuición espiritual y trasciende el conocimiento intelectual. Es *sabiduría espiritual o sabiduría divina.*

Amor

El Amor es la divina cualidad de Dios que se está expresando a través de toda la humanidad y no puede ser suprimido, no puede ser eliminado, por ninguna fuerza externa. Es el más grande de todos los poderes. Es un poder armonizador y constructivo, reconstruye, reedifica y restaura al hombre y su mundo. Este es el *Amor divino.*

El Amor Divino es la fuerza que disuelve todo lo que se oponga a pensamientos correctos y de esta manera se suaviza todo obstáculo que se pueda presentar.

Si tienes miedo o temor, el amor perfecto lo echa fuera, lo disuelve.

Juan definió a Dios en la Biblia: *"Dios es amor".*

Jesús dijo que el máximo mandamiento es, *"Amarás al Señor tu Dios con todo tu corazón, con toda tu alma y con toda tu mente y a tu prójimo, como a ti mismo".*

Luego, eligió dejarnos solamente un mandamiento, *"Que os améis unos a otros, como yo os he amado"*.

El amor de Dios es incondicional. Jesús amó incondicionalmente. Todos podemos amar incondicionalmente. Parece difícil, pero no lo es, porque el amor incondicional, el amor Crístico, es el más natural de todos.

La única forma que permitimos que Dios se exprese en nuestras vidas, es que nuestro amor fluya incondicionalmente, en todas direcciones, y así nos convertimos en poderosos imanes que atraen sólo lo que es bueno y verdadero. Ahora, para lograr esto, hay una condición, tenemos que empezar por amarnos a nosotros mismos.

El Amor Divino, siempre, siempre, nos da la bienvenida. Nunca nos abandona. Está ahí, en nosotros, siempre. Es el máximo trabajador, no descansa nunca y hará más por nuestra felicidad que todas las otras facultades combinadas.

El Amor Divino tiene un bálsamo sanador para cada dolencia.

El amor verdadero lo expresamos, no para ser reciprocados, sino para ser avivados completamente.

Las Verdades Espirituales nos enseñan que somos seres espirituales, que como creaciones de Dios, somos perfectos y completos.

Afirmaciones:

"Expreso libremente todo el amor que siempre tengo".

"Dios es amor y Su amor es mi fuente verdadera de Paz".

"La Paz proviene de Dios y yace en el centro de mi ser".

Poder

La facultad del Poder está relacionada con el pensamiento. El pensamiento es bien poderoso y nosotros somos los únicos llamados a controlarlo. Para dominar nuestra manera de pensar necesitamos avivamiento divino, poder espiritual, poder divino.

Nuestra mente, nuestra conciencia y nuestra alma, están compuestas por ideas, pensamientos, sentimientos, emociones, recuerdos, memorias y conocimientos.

El aceleramiento y avivamiento espiritual de las facultades y poderes es el camino superior que nos conduce más rápido a lograr la transformación **de lo Físico a lo Espiritual.**

Imaginación

La imaginación es la habilidad de visualizar y soñar.

Es la facultad de la mente que da forma al pensamiento.

Con la imaginación, todas las ideas toman forma. Podemos imaginar lo que deseamos y traerlo a manifestación.

Al avivar nuestro don de la imaginación nos alineamos con el poder creativo de Dios y visualizamos nuevas posibilidades de bien a nuestras vidas. Es la imaginación espiritual o divina.

La imaginación se expresa por medio de nosotros. Nosotros somos el canal por medio del cual tiene lugar la acción divina.

Nosotros tenemos el poder de visualizar y ver más allá de lo que estamos experimentando en el presente.

La imaginación es pensar conscientemente fuera de los límites establecidos.

Gracias a este poder, podemos ir a nuestro aposento alto, al *"lugar secreto"*.   Mateo 6:6

El *"lugar secreto"*, allí donde nuestras intenciones espirituales se cumplen y visualizamos que el bien se desarrolla en toda área de nuestra vida.

La física cuántica nos ha brindado la gran oportunidad de entender la interrelación entre lo que vemos y lo que visualizamos.---------------- Capítulo 14 y 15

Comprensión

La comprensión espiritual es la revelación de la Verdad a nuestra alma, conciencia y corazón. Es el poder que nos da el conocimiento del Padre en nosotros.

Comprensión espiritual es un trabajo muy individual que hay que llevar a cabo y se logra por medio de la intuición divina, no con la inteligencia racional.

Cuando avivamos la facultad de la comprensión espiritual, ocurre un nacimiento espiritual, *"nacemos de nuevo"*.

Es un destello del Altísimo dentro de nuestra conciencia. Se logra por medio de la intuición, no con el razonamiento externo. Viene en forma de discernimiento.

Intuición y Percepción

La intuición *es el conocimiento de la Verdad Espiritual.*

La intuición espiritual es un conocimiento interior, es lo que llamamos sabiduría del corazón. Por medio de la intuición nosotros tenemos acceso directo a todo conocimiento y a la sabiduría de Dios.

La intuición espiritual nos hace ver **"el Cristo"** en nosotros y en los demás y ver a todos como son verdaderamente, seres espirituales.

La percepción espiritual nos hace ver la realidad espiritual, a pesar de las apariencias que puedan sugerir lo contrario. Jesucristo siempre todo lo vio con visión espiritual, nunca viendo las apariencias de las cosas.

La percepción humana es lo que nos dicen los sentidos (gusto, tacto, audición, vista y olfato). Estos nos permiten percibir lo que está a nuestro alrededor.

Percepción intelectual de la Verdad es comprender con la mente, pero no ha sido revelada por el Padre. No estamos conscientes en lo más profundo de nuestro ser, de nuestra unidad con Dios.

Comprensión espiritual: **de Médico a Maestro**, paginas 133-140

Voluntad

La voluntad es el poder ejecutivo de la mente. Es el poder de la mente que manda, toma decisiones, dirige y elige.

La voluntad divina o espiritual es nuestra capacidad de decir "si o no" a oportunidades y opciones.

La voluntad del Padre (Dios) es el bien absoluto. Al permitir que la voluntad de Dios se haga en nosotros, todo se convierte en bueno.

Nunca sabremos cual es la voluntad de Dios para nosotros, si la analizamos intelectualmente. **Esto se debe a que Dios no nos habla con palabras.** Cuando ponemos a Dios primero en todo, hacemos Su voluntad.

La voluntad debemos usarla a nivel espiritual. *"Que se haga Tú voluntad y no la mía".*

Si Dios no está envuelto en nuestras decisiones, nos estamos tomando un gran e innecesario riesgo. Nos gusta pensar que sabemos lo que nos conviene y encontramos difícil dejar a Dios actuar en nuestras vidas. Si nos establecemos en conciencia del fluir de Dios, afirmando: *"Dios está a cargo y todo está bien"* y *"no sea como yo quiero, sino como Tú"*, viviremos una vida plena y abundante en Presencia Dios. Por eso Jesús enseñó que, *"no puede el Hijo hacer nada por sí mismo, sino lo que ve hacer al Padre".*

Si hacemos la voluntad de Dios estamos siguiendo el plan divino que se nos ha preparado para nosotros. Dios ha preparado ese plan divino y es nuestro deber seguirlo.

Aquello que Dios nos inspira a hacer, está inspirado por Él mismo. Si lo entendemos de esa manera, se nos hace más fácil hacer la voluntad de Dios.

Todos nosotros tenemos un poder inherente a la voluntad, que es **el libre albedrío.** *Este consiste en elegir entre el bien superior o el inferior.* Incluye además el poder de actuar en contra o a favor de todos nuestros motivos, inclinaciones o tendencias. Podemos usar la voluntad en el nivel humano o en el nivel divino. Cuando la usamos en el nivel humano o personal, puede traernos grandes consecuencias negativas. No debemos actuar hasta que no sepamos cómo hacerlo de la mejor manera posible.

El propósito de Jesús fue hacer la voluntad en el nivel divino. *"Mi comida es hacer la VOLUNTAD del que me envió y terminar Su trabajo".*   Juan 4:34

Para lograr la voluntad divina es necesario practicar la Presencia Dios y afirmar nuestra unidad con la Mente Dios. Nuestra unidad con la Mente Dios es nuestra herencia divina. Es nuestra voluntad, positiva o negativa, lo que atrae a nuestra mente, alma, corazón, y a nuestra vida, tanto lo bueno, como lo no bueno.

La expresión más elevada de la voluntad, es la aceptación consciente de hacer la voluntad de Dios.

"A los que me siguen en conciencia espiritual, les prometo lo siguiente: *"El que hace la voluntad de mi Padre que está en los cielos, entra al reino".*
Mateo 7:21

Orden

El orden es la primera ley del universo. El universo físico existe porque todas sus partes se mantienen en orden perfecto. Las leyes de física cuántica explican cómo funciona y se mantiene correctamente ese orden perfecto, que es el orden divino.

Orden Divino significa:

- Que todo está trabajando de un modo correcto.
- Vemos a cada persona o cada evento como parte íntegra de ese orden.
- No hacemos nada para que suceda, pues el orden divino ya es parte de nuestras vidas.

Entusiasmo

La facultad del entusiasmo es el impulso de seguir adelante. Es la urgencia detrás de todas las cosas. El entusiasmo nos hace sentir el placer de vivir.

Toda acción en nuestra vida es precedida por el deseo. Los deseos de nosotros son los deseos de Dios a través de nosotros.

"En todo lo que hagamos, pongamos toda nuestra alma y todo nuestro corazón". Colosenses 3:23

Mientras más entusiasmo generamos, más poderosos nos hacemos para atraer el bien a nuestra vida. Nos aumenta los niveles de felicidad.

Debemos apreciar lo bueno, lo que tenemos o no tenemos. El entusiasmo nos hace sentir lo que tiene valor, y cuando estamos entusiasmados, no damos las cosas por hechas.

Cuando estamos en el estado de conciencia de entusiasmo vivimos en el momento, en el aquí y en el ahora. Si nos entusiasmamos por lo que tenemos y le ponemos intensidad, crece.

Lo contrario a entusiasmo es **la apatía**. Por esa razón debemos entusiasmarnos **a ver el bien** donde quiera nos encontremos. Ver los colores, oír los sonidos, saborear lo que ingerimos, tocar delicadamente una mascota, un hijo, un hermano y ayudar al necesitado.

Es vivir el entusiasmo de la vida, en conciencia, segundo a segundo, momento a momento, día a día.

Entusiasmo espiritual es plenitud de vida. En la oración, el entusiasmo positivo es un celo, como le llamaban los hebreos, y significaba insistencia en devoción. Es una devoción exclusiva a Dios; *"no te harás ídolos en tu vida"*. El celo o entusiasmo nos hace que expandamos la conciencia. Es una devoción. Si por el contrario, nos aburrimos, nuestra conciencia se contrae en lugar de expandirse.

Renunciación y eliminación

Esta facultad o poder nos permite dejar ir pensamientos erróneos y negativos alojados en nuestro subconsciente.

Al dejar ir pensamientos negativos y erróneos, permitimos que nuevos y positivos pensamientos, encuentren lugar en nuestra consciencia. Podemos declarar que no es cierta una cosa que parece serlo.

Las apariencias negativas están opuestas a la Verdad. *"No juzgar por las apariencias, sino por recto juicio (*pensamiento correcto)".

Este poder en nosotros nos libera de la consciencia negativa y de todas sus consecuencias.

La eliminación y renunciación de estos pensamientos, liberan a nuestra alma de un perpetuo pleito mental. De ahí las palabras de Isaías: *"Yo defenderé tu pleito".*

Afirmación: *"Dejo ir lo que no es mi propósito mayor en mi vida".*

Vida

Vida es la energía que mueve todo a la acción. Es animación, movimiento, actividad y **se expresa en nosotros y a través de nosotros.**

La fuente de vida es Dios, por lo tanto, para ver la vida Dios hay que usar visión espiritual. La vida es todo y todo es vida. Es perfecta y eterna.

Dios es la esencia de vida que infiltra todo nivel de nuestro ser; nuestro espíritu, alma y cuerpo.

Nuestro maestro espiritual, Jesús, sabiendo que la vida se expresa a través de nosotros, afirmaba, *"Yo Soy la resurrección y la vida"; Yo Soy el camino, la verdad y la vida".*

Vida, como principio espiritual, no tiene opuesto. Contrario a nacer, que su opuesto es morir.

Capítulo 7

Construir un nuevo equivalente mental.

"Vete y no se lo digas a nadie"-Jesús

Mateo 8:4

Cuando Jesús, el maestro metafísico espiritual más avanzado que ha existido en la historia de la humanidad, hace el señalamiento, *"Vete y no se lo digas a nadie",* para eliminar y sanar completamente una condición, no se le entendió.

A pesar de que este concepto nos fue enseñado hace tantos años, todavía no nos hemos apropiado del mismo a cabalidad. Entender y practicar el concepto se nos ha hecho difícil y es por eso que se hace necesario estudiarlo conscientemente, para realizarlo.

Hemos seguido la mala práctica de rememorar la enfermedad, repitiendo audiblemente los dolores, síntomas relacionados a una condición y situaciones, en lugar de **borrar, tachar, crear o sustituir por lo bueno que tenemos.** Hoy en día la metafísica espiritual le llama al concepto, *"Equivalente Mental".*

La mala práctica de rememorar se ha extendido a muchas áreas de la vida. Hay personas que no se cansan de hacer el mismo cuento día tras día, a todos los que se encuentran en su camino. No reflexionan y se han separado de la facultad de la discreción y la sabiduría espiritual. No se dan cuenta que están creando sus causas y recibiendo sus efectos negativos.

La manera de aprender a construir un nuevo equivalente mental es pensando en todo lo bueno, hablando todo lo bueno y actuando según lo bueno.

De esta manera el equivalente mental negativo y erróneo, desaparecerá gradualmente.

Si construimos un equivalente mental de salud física, de prosperidad (satisfacción de nuestras necesidades), de comprensión, de fe, certeza y convicción en Dios, nos vamos a dar cuenta que el *"viejo"* equivalente mental no es de nosotros. Ese viejo equivalente mental lo dejamos ir, lo soltamos.

Dios siempre quiere el bien, es el Bien Absoluto. Dejaremos el mal hábito de decir *"si Dios quiere"*, porque **Dios siempre quiere.** Esa costumbre o rutina que hemos adquirido, repitiendo conceptos erróneos de humanizar a Dios, la vamos a disolver, la vamos a soltar.

Si hacemos el esfuerzo, practicamos y perseveramos, el nuevo equivalente mental siempre es demostrado o manifestado. Esto es así porque nosotros estamos en esta existencia de vida para demostrar y manifestar a Dios y Sus atributos. Podemos usar indistintamente los términos demostración, expresión y manifestación.

Hay que establecer a la misma vez una conciencia de **"Gratitud"** para que se produzca el cumplimiento de la manifestación o demostración. Dar gracias hasta por lo más simple, hasta lograr llevar una vida de acción de gracias. Jesús siempre daba gracias antes del cumplimiento de la manifestación: **"Gracias Padre porque sé que siempre me oyes".** Juan 11:42

Mientras más agradecemos, más manifestación y cumplimiento logramos.

"Soy agradecido por todo"

La gratitud es la acción conjunta de la Fe y el Amor. La fe, que percibe que lo bueno está esperando por nuestro reclamo, y el amor, que nos unifica con el bien que deseamos, para que este se manifieste en mente, cuerpo y asuntos.

Cuando agradecemos por adelantado por las manifestaciones deseadas, reconocemos a Dios como la fuente de todo bien.

Hay una realidad, y es que siempre se manifiesta lo que tenemos en nuestra mente, en nuestra alma y nuestro corazón. Debemos entender esto, pues si lo que tenemos guardado en nuestra mente, alma y corazón, en otras palabras, en nuestro subconsciente, no nos sirve, ni nos engrandece, nos causa angustia, pesar, temor, desarmonía, nos quita la paz, entonces no estamos demostrando a Dios. No estamos demostrando Su ley.

Lo que viene de Dios nos da paz y serenidad. Nuestro trabajo espiritual es igual a nuestro trabajo humano, porque Dios es Todo. Hacemos nuestro trabajo expresando al máximo nuestras potencialidades. Vivimos en un mundo de posibilidades ilimitadas.

Debemos estar bien conscientes de este trabajo transformador que hacemos día a día. El quinto principio de Verdad Espiritual que todos los estudiante de la verdad practican en sus vidas es, *"Una vez conoces la Verdad, debemos vivir de acuerdo a ella"*

El primer principio de Verdad Espiritual es: Dios es el Bien Absoluto. Es el bien activo en todo y en todo lugar.

Capítulo 8

"Ego"

"Ego" es el aprecio excesivo a la personalidad. En Verdades Espirituales usamos personalidad en sustitución del término *"ego"*.

El *"ego"* nos mantiene en conciencia de la materialidad. Es un estado de conciencia erróneo donde impera el *"Yo sigo adelante, no importa las consecuencias"*. En ese estado de conciencia, estamos identificando nuestro **"Yo Soy"** incorrectamente, con todo el conjunto de falsos patrones mentales de la raza o conciencia colectiva.

Nuestro **"Yo Soy"** es nuestra verdadera identidad, es el nombre de la naturaleza divina en nosotros. Es el Cristo de nuestro Ser. Es en este estado de conciencia donde lo positivo, bueno y perfecto se manifiesta en nuestras vidas.

YO Soy es el nombre de Dios.
"Y respondió Dios a Moisés, Yo Soy el que Soy. Así dirás a los hijos de Israel".   Éxodo 3:14

Moisés quería saber si Dios tenía nombre. El Yo Soy es sagrado y la mejor manera de reconocerlo es expresándolo positivamente: *"Yo Soy sano". "Yo Soy perfecto". "Yo Soy inteligente". "Yo Soy Vida". "Yo Soy amor".*

Nunca, nunca, debemos expresar **"Yo Soy"**, negativamente:

Debemos saber qué son los falsos patrones mentales de la raza y de las personas, para poder entender muchas de las cosas que nos suceden y que no podemos explicarnos.

No debemos, bajo ninguna circunstancia, mantener una conciencia de error, negativa y de separación de lo bueno.

La personalidad es la manera de pensar y actuar en lo humano, en lo externo en nosotros.

La personalidad, **"el ego"**, pertenece a la región gobernada por el intelecto. Puede ser agradable o desagradable a otros. Las personas no espirituales cultivan la personalidad en lugar de la espiritualidad. Escuchan las voces externas en lugar de guiarse por la intuición divina.

Individualidad:

Cuando escuchamos *"el silbo apacible y delicado del espíritu",* en lo más profundo de nuestra alma y en el silencio, estamos conectados con nuestra individualidad, con lo divino en nosotros.

Al no cultivar lo más elevado en nosotros, nuestra alma sufre muchas vicisitudes en esta existencia terrenal, ya que ella vino a espiritualizarse.

El hombre espiritual practica **la Individualidad**, que es la parte de nosotros que nunca cambia de identidad.

La individualidad es el ser divino en nosotros. A medida que la individualidad crece, la personalidad mengua.   Juan 3:30.

La práctica de la Presencia de Dios es la manera de cultivar la individualidad. Vamos a poner primero a Dios en nuestras acciones.

Mientras Dios se hace más visible en nosotros, más individualizados nos hacemos.

Jesús, nuestro maestro espiritual, representa al Ser Divino individualizado.

La personalidad pertenece a lo humano y la individualidad a Dios. *Somos uno con Dios.*

Debemos actuar desde lo más elevado en nosotros, pues le somos necesarios a Dios en Su deseo de hacerse manifiesto a través de nosotros.

La individualidad es la manera de pensar y actuar espiritualmente, lo interno en nosotros. Significa que es todo lo que somos para expresar nuestra naturaleza espiritual, tiene la identidad de Dios.

La manera de utilizar la idea de lo que somos fue creada por Dios. Así es que nuestro espíritu es el Espíritu de Dios, nuestra alma es el alma de Dios y nuestro cuerpo es el cuerpo de Dios.

Una manera sencilla de entenderlo es reconociendo que Dios se expresa a través de nosotros. Somos Sus manos, Sus pies, Su boca. Dios Mente y Espíritu, no tiene manos, pies o boca.

Al nosotros reconocer nuestra individualidad, o sea, nuestra identidad espiritual, nos ajustamos a las expresiones invisibles de la Mente Dios.

Nuestra mente se vuelve armoniosa, nuestra vida vigorosa y perfecta y nuestro cuerpo, saludable.

El pensar y actuar espiritualmente no significa que no nos interesemos por otras cosas. Debemos interesarnos en el trabajo y otras actividades, siempre dentro de los límites de lo razonable. Jesús decía: *"Mi Padre trabaja y Yo trabajo"*.   Juan 5:17

Lo que no debemos es aferrarnos a cosas en particular, que nos hagan perder el interés por lo que nuestra alma anhela.

El entendimiento de la virtud oriental del *"desapego"*, nos ayuda a vivir la vida **de lo físico a lo espiritual**.

El desapego es un inteligente interés en las cosas que tenemos, mientras las tenemos, con una completa disposición a seguir adelante a cosas nuevas, cuando viene la señal.

Al vivir de esta manera no hay posibilidad alguna de quedarnos *"atados a este mundo"*. Jesús lo expresó diciendo: *"Estamos en el mundo, pero no somos del mundo"*. De esta manera somos llamados a ser diferentes en cuanto a las cosas del mundo se refiere, a manifestar nuestra individualidad, nuestra espiritualidad y al mismo tiempo, a que hagamos una diferencia en el mundo; en lo personal, en lo físico, en lo humano.

Pasar breves periodos de tiempo en quietud, centrados en la Presencia Dios en nosotros, nos ayuda para salir al mundo de la vida diaria, con inspiración nueva y más valor y poder. La energía vigorizante de Dios va a inundar todo nuestro ser

Capítulo 9

Conciencia colectiva o conciencia de la raza.

¿De dónde provienen nuestros pensamientos?

Es la pregunta más frecuente que se hacen los que no conocen las Verdades Espirituales.

Los estudiantes de la Verdad que han ido estudiando consistentemente las primeras cinco lecciones de este libro, saben que Dios es **la Fuente** de sus pensamientos espirituales y positivos.

La otra fuente de la cual provienen y que debemos estar bien alertas, es de la conciencia colectiva o conciencia de la raza.

La conciencia de la raza o conciencia colectiva son todos los pensamientos juntos. Todas las personas, pensando a la vez.

Partimos del hecho de que la conciencia colectiva de la humanidad *contiene una mezcla de pensamientos, tanto de verdad, como de error,* acumulados a través de la historia de la raza humana.

La conciencia de la raza se ha ido creando de pensamientos y creencias de nosotros y de nuestros antecesores. Esos pensamientos los hemos sostenido en nuestras mentes y los hemos convertido en corrientes de pensamientos muy fuertes, que solamente podemos cambiar tomando la decisión de no aceptarlos por más tiempo.

Un ejemplo es la creencia en la enfermedad. Hasta que no tomemos la decisión de apropiarnos de que la enfermedad es una verdad relativa y que lo relativo puede ser cambiado a lo Absoluto, es entonces que vamos a realizar que la Verdad es la salud perfecta. La enfermedad puede cambiarse a Salud perfecta y total.

Todos los estudiantes de Verdades Espirituales y de metafísica espiritual necesitan conocer cómo trabaja la conciencia colectiva, ya que puede ser la fuente de acontecimientos o enfermedades en sus vidas.

Podemos fracasar, enfermarnos y sufrir, por pensamientos subconscientes sostenidos en la conciencia colectiva. Debemos negar que esos pensamientos tengan poder en nosotros, pues somos seres espirituales, perfectos, a la idea de Dios, sanos, prósperos, armoniosos y amorosos.

Cuando la conciencia de la raza se une en una creencia o en una causa, ésta forma ondas que tienen efectos en el mundo en el cual vivimos.

Debemos estar alertas y listos siempre para que nuestra mente, a través de nuestros pensamientos, esté contribuyendo positivamente a la atmósfera de los pensamientos.

Debemos estar atentos y saber que *nosotros representamos lo divino en cada situación.*

Tenemos el poder de enseñarle la Verdad a nuestros pensamientos.

Preparémonos para hablar la palabra correctamente, para que el espíritu que está en nosotros haga su obra.

Recordemos que hay una relación directa entre nuestros pensamientos, actitudes y creencias y lo que sucede en nuestras vidas.

Nosotros podemos enfermarnos, fracasar y sufrir, por pensamientos subconscientes sostenidos en la consciencia colectiva.

Debemos decretar, afirmar y negar que esos pensamientos tengan poder, pues somos perfectos, sanos, prósperos y armoniosos.

Muchas veces expresamos o manifestamos incorrectamente un pensamiento que ha estado en nuestra conciencia y éste no ha sido producto de nosotros.

Como se nos hace difícil determinar de donde ha venido ese pensamiento de error a nosotros, si ha venido de la conciencia colectiva o no, *lo mejor que podemos hacer es dejar de preguntárnoslo y vernos en la Verdad.* La Verdad es que somos perfectos, sanos, alegres, prósperos, libres, armoniosos, generosos, agradecidos, felices y plenos.

Muchas veces nos vienen pensamientos que no pertenecen a nosotros, sino que vienen de la conciencia colectiva. Estos pensamientos necesitan ser detectados y transformados por nosotros. **Se hace necesario aclarar que no toda la conciencia de la raza es negativa e indeseable.**

Debemos vigilar lo que pensamos y expresamos y estar conscientes de los pensamientos que enviamos al mundo. Los pensamientos positivos nos ayudan a conectarnos con los demás positivamente.

Podemos conectarnos unos con otros en pensamiento y en oración, no importa a la distancia que nos encontremos. Los que conocen el poder del pensamiento saben que es posible orar en unidad con diferentes personas, no importa la distancia. Saben el poder que tiene una cadena de oración. Cuando nos movemos a un nivel de conciencia superior, los que están conectados en pensamiento se mueven también.

Un grupo de ideas constituyen un pensamiento. Los pensamientos, cuando le añadimos emoción, producen lo que conocemos como sentimientos. Las palabras son los pensamientos expresados.

Estamos conscientes de nuestros pensamientos, de manera activa, a través de nuestra mente consciente.

Un sentimiento es un pensamiento al cual se le ha dado poder y se ha hecho personal. **Sentir** es una reacción mental.

Debemos acordarnos de **no tomar las cosas o situaciones personalmente**, de **no asumir** y de **no emitir juicios**.

Definimos conciencia como el compuesto de ideas, pensamientos, emociones, sensaciones, sentimientos, memorias, recuerdos, que componen la mente consciente, supra consciente y subconsciente de la mente.

Las ideas, pensamientos, sentimientos, memorias, recuerdos, palabras y expresiones, las podemos armonizar con la Mente Única en nosotros, la Mente Dios.

La mente divina y única en nosotros es la que llamamos la mente supra consciente, mente espiritual o región espiritual de la conciencia. De ahí es que provienen nuestros pensamientos puros, nobles, perfectos y divinos. Es la verdadera **Fuente,** la Mente Dios en nosotros.

Para llevar a cabo nuestro trabajo espiritual individual, se nos hace necesario conocer nuestra mente en sus tres fases.

Mente supra consciente es la región espiritual de la conciencia. Nuestra naturaleza humana está compuesta por tres partes: el espíritu, el alma y el cuerpo. El espíritu comienza a activarse y avivarse, al nosotros estudiar las Verdades Espirituales. Nuestra mente, como hemos estudiado, no está separada de la Mente Dios. Dios es mente y nosotros somos mente. Es donde recibimos la inspiración perpetua de las ideas divinas. Nuestra mente supra consciente es pura, inocente, amorosa y obediente al llamado de Dios. Puede informar a la mente consciente, como a la subconsciente.

Lo ideal es que la mente subconsciente se informara siempre de la mente supra consciente. Viviríamos una vida esplendorosa, bella, amorosa, perfecta, de ilimitadas posibilidades. Es donde el Espíritu de sabiduría se encuentra.

La mente supra consciente *es la mente que llamamos Señor. "El Señor me habló", "el Señor me dijo", "el Señor me reveló". Es la mente espiritual a la cual acudimos para que se nos revele lo que necesita sernos revelado.*

La **Mente consciente** es la mente que recibe y procesa información. Es donde el pensamiento y el razonamiento tienen lugar. Consiste de nuestras percepciones, opiniones, ideas, pensamientos y creencias. Estas pueden ser del pasado, presente y futuro.

Es la parte de la mente en la cual funcionamos racionalmente y reconocemos nuestros procesos mentales.

Si la mente consciente tiene que buscar información, la busca en el archivo (subconsciente).

La mente consciente tiene el poder de decidir, de seleccionar nuestros pensamientos y reacciones emocionales.

Conscientemente podemos decidir entre un hecho y una Verdad. El hecho nos puede decir que estamos enfermos, algo que no es una Verdad, pues la enfermedad puede cambiar y sanar. Si decidimos por la Verdad, ella nos dice que somos sanos, plenos y perfectos.

Funciona como un filtro, como un portero que abre la puerta para dejar entrar ideas divinas, buenas, constructivas, positivas y espirituales, ya sea de la mente supra consciente o de lo bueno, positivo y verdadero que venga de la conciencia colectiva.

Como filtro, puede no dejar entrar ideas o pensamientos erróneos de la conciencia colectiva. Por eso su responsabilidad es inmensa, porque todo lo que el consciente permite entrar, va al subconsciente. Si mantenemos información negativa, destructiva, viejas creencias sobre la edad, limitaciones o pensamientos erróneos, persistentemente y consistentemente, llegan a expresarse en nuestras vidas.

La **Mente subconsciente** es donde hacemos el trabajo de transformación. En espiritualidad le llamamos a la mente subconsciente, el corazón y el alma del hombre. Así también le llama Jesús.

Es ahí donde las ideas divinas en actividad, nos despiertan espiritualmente y conscientemente vamos a expresarlas en nuestras vidas y asuntos. En otras palabras, nuestro subconsciente, durante nuestra transformación, acepta y se apropia de ideas divinas de la supra consciencia, la mente espiritual. De la misma forma que el subconsciente acepta lo bueno que viene de la supra consciencia, a través de la mente consciente, asimismo acepta lo no tan bueno que viene de la mente consciente.

Cuando aceptamos lo no tan bueno, lo erróneo, los pensamientos negativos, lo destructivo tenemos que hacer mucho trabajo de transformación en nuestro corazón, nuestra alma o nuestro subconsciente. Tenemos que eliminar, tachar, disolver: ideas, pensamientos, sentimientos, errores todo lo no compatible con el Bien y que hemos aceptado y han entrado a nuestra alma, a nuestro corazón, al subconsciente (el no consciente).

El subconsciente trabaja día y noche y no descansa. No tiene criterio. Recibe órdenes y las lleva a cabo automáticamente, no discierne. Trabaja bajo viejas órdenes y continuará así, hasta que le demos nuevas órdenes.

Cuando hacemos afirmaciones, que son declaraciones positivas de la Verdad, las acepta y la transformación se realiza.

La mente subconsciente es el almacén de los recuerdos, de toda experiencia, éxitos, fracasos y emociones. Le llamamos el almacén de los pensamientos.

Capítulo 10

Leyes invisibles de la Vida

Nosotros, los seres humanos, no hacemos la ley, **la Ley es. La ley es la realidad de un poder invisible, Dios**. Las leyes espirituales y universales fueron hechas y establecidas para nuestro beneficio, antes de formarse el mundo.

La ley de salud, para sanar enfermos. Fue hecha por un poder superior. Nosotros, para sanar, necesitamos llamarla a expresión.

La ley de vida, para levantarse y acelerarse a vida plena. También nosotros necesitamos llamarla a expresión. La usamos a nuestro favor si nos dejamos fluir por la corriente de vida divina, que está en cada uno de nosotros.

Jesús, el gran maestro espiritual, nos enseñó a reconocer y no pasar por alto la existencia de la ley. El la llamaba a expresión en todo lo que realizó y demostró.

Las leyes de la mente son exactas y constantes. La ley es una facultad de la mente que encierra todo pensamiento y actúa de acuerdo con la Verdad de Dios, no importa las circunstancias o el ambiente.

La Verdad no cambia, es perfecta.

Las leyes universales, espirituales, físicas y mentales, son creación de Dios.

Dios fue el creador de las leyes espirituales, universales, físicas y mentales, por lo tanto no le vamos a pedir que las cambie.

Por el contrario, nuestra mente, alma y corazón se van a impregnar de la totalidad y Única Mente, Dios, y según maduramos espiritualmente, vamos a dominar las leyes universales, espirituales, físicas y mentales.

Hay un hecho que afrontar y es que primero debemos estudiarlas consciente e intelectualmente. Debemos saber que existen y cómo funcionan. Una vez las conocemos y realizamos que ellas trabajan siempre y que no dependen de que las conozcamos o no, las incorporamos en nuestra conciencia. Este proceso se conoce como **realización,** y consiste de la incorporación del conocimiento de la Verdad a toda célula, tejido y órgano de nuestro ser.

Es por esa razón que se hace imperativo el conocimiento de las leyes de Dios, **leyes invisibles de la vida.**

A veces toma años de vida espiritual para entender y aplicar las leyes invisibles de la vida. A un alma preparada le toma menos tiempo.

No debemos preocuparnos por el tiempo que nos tome. El tiempo es el tiempo de Dios.

Nos vamos a ir dando cuenta que las leyes empiezan su gran obra en nosotros y todas se alinean y trabajan para nosotros.

Algunas de las leyes son: *la ley del Amor, la ley del Perdón, la ley del Pensamiento Creativo o Visualización, de Expresión, de Rendirse, de Preparación, de infinita Justicia, de Circulación, la ley de Atracción, la ley de Atracción del Alma, de Purificación del Pensamiento, de Rectitud, de Expansión Infinita, de Dar y Recibir, ley Divina, ley Escrita en Nuestra Mente, ley Evolutiva, ley Genérica, ley Mortal, ley Natural, ley de Equilibrio Universal, ley de Conservación, ley de Polaridad, ley Todo Proveedora, de Transgresión de la Ley, y otras.*

La ley de Amor: es la ley espiritual más importante en Verdades Espirituales. El amor es la puerta para el bien, para lo bueno y puro.

Jesús tenía dominio absoluto de la Ley de Amor y la hizo parte fundamental en Sus enseñanzas. **Nos las introdujo como un mandato:**

"Amarás a Dios con todo tu corazón, con toda tu alma, con toda tu fuerza y con toda tu mente sobre todas las cosas, y a tu prójimo como a ti mismo". Lucas 10:27

Fue más enfático cuando nos dijo: *"Si practicas la Ley de Amor, serás mi discípulo".* Juan 15:12

Más aún, *"Yo te doy tres cosas, mi Amor, mi Vida y mi Gozo".*

En la Ley de Amor Jesús nos introdujo la **Ley de Perdón,** diciéndonos,
"El que perdona poco, ama poco". 1 Juan 4:7-8

"Perdona y serás perdonado". Lucas 6:37

Juan, su discípulo, se apropió de la **Ley de Amor** y nos dijo que era un requisito para conocer a Dios y fue por eso que nos dijo:

*"Si no amas, no conoces a Dios, **Dios es Amor**".*1 Juan 4:8

James Dillet Freeman nos dijo en su poema que cada día es Navidad cuando vivimos en **la Ley del Amor:**

- Si cada día fuera Navidad,
- Cuan diferente sería,
- Si todo el año y no un solo día reinara la caridad
- Tendríamos fe en los milagros como lo hace un niño en el amanecer navideño,
- Cada día sería un pesebre amoroso de Cristo y su renacimiento en nosotros, para cambiar y sanar costumbres de guerras viejas.
- Como un niño o pastor, regalar ¡maravilla y alabanza!
- Cada día es Navidad cuando vivimos en la Ley del Amor y aprendemos, no a obtener, sino a dar y asombrarnos como un niño y como un niño saber orar, pero con la sabiduría mayor, de entregarnos según damos.

Ley del pensamiento creativo o **Ley de la Visualización:** Ver el Bien nos enseña a visualizar y enfocar nuestra conciencia con calma y consistencia en la realidad de bien inagotable. Nuestra atención debe siempre estar centrada en nuestro conocimiento interno de que hay una suficiencia total de bien. De esa manera atraemos ese bien abundante e inagotable, a manifestación en nuestras vidas y asuntos.

La imagen que sostenemos en nuestra mente, eventualmente se expresará en nuestra vida.

Esta ley nos enseña que no importa cómo se presenten las apariencias externas, nuestra **atención no debe** estar centrada en ellas. No mirar el mal, lo malo, lo negativo. No tener una conciencia dividida, viendo bien y mal. **El ojo único** significa mirar solamente el bien.
Visión doble es mirar bien y mal.

Al practicar esta ley sosteniendo en nuestra mente lo bueno, lo positivo, lo que engrandece en nuestras vidas, vamos a demostrar y expresar prosperidad verdadera y duradera.

Las ideas que constituyen nuestros pensamientos son nuestros hijos e hijas, las creamos nosotros. Somos los que creamos patrones de pensamientos que los avivamos, al ponerle energía de vida y los hacemos reales.

Debemos recordar que a los pensamientos les damos vida porque le ponemos energía de vida, así que para borrarlos, eliminarlos y tacharlos, le tenemos que quitar esa energía de vida que le hemos dado. Visualizamos la luz divina descendiendo por todo nuestro ser y limpiando todo pensamiento de negatividad, obscuridad y error.

Al ponerle energía de vida a nuestros pensamientos y sosteniéndolos en nuestra mente, estamos haciendo la visualización real y con emoción. Estamos con fe, participando en el proceso creativo de ese pensamiento.

De ahí, que debemos saber cómo estamos usando el poder del pensamiento creativo de la imaginación, en el diario vivir.

Cuando usamos el poder creativo del pensamiento, lo debemos hacer lo más real posible, envolviendo en el proceso a los sentidos; tocar, ver, oír, oler, sabiendo que cuando visualizamos, estamos trayendo a vida lo invisible.

Nos mantenemos en conciencia de convicción, certeza, firmeza y fe. **"Sé porque sé que es así."**

Usamos la voluntad para mantener en su lugar la imaginación y lo que estamos imaginando. A la misma vez damos gracias por oración contestada.

Jesús conocía la ley de la visualización y la aplicó muchas veces para que nosotros aprendiéramos el poder de ver el cumplimiento de lo imaginado. En el campo nos dijo: *"No decían ustedes: Aún faltan cuatro meses para que llegue la siega. Yo digo: "Alzad vuestros ojos y mirad los campos, porque ya están blancos".* Juan 4:35

Pablo, quien aprendió de las enseñanzas de Jesús y logró tener un gran dominio de la ley del pensamiento creativo (visualización), nos dijo:

"Por la fe entendemos que el universo fue constituido por la palabra de Dios, de modo que lo que se ve fue hecho de lo que no se ve". Hebreos 11:3-5

Ley de Expresión: Esta ley nos dice que cuando le damos a un pensamiento expresión en lo exterior, amplificamos su poder creativo.

Estamos conscientes que el pensamiento tiene poder, y al expresarlo, su poder creativo se hace más poderoso. En otras palabras, amplificamos su poder.

Es por eso que exhortamos a hablar y expresar la palabra de Dios.

Debemos mantener y sostener la Verdad en lugar de aceptar los hechos. Los hechos pueden estar basados en la apariencia y pueden cambiar. La apariencia es pasajera, puede estar hoy y no mañana. La Verdad es absoluta, perfecta, no cambia.

Si uno se siente enfermo, puede simplemente aceptarlo como un hecho o como una apariencia, pero no como una Verdad. Un hecho tiene apariencia de Verdad, pero no lo es. Si aceptamos este hecho como apariencia o una situación pasajera, El pasará y no permanecerá. Entonces, sostenemos la Verdad de que Dios es salud, vida, fortaleza, poder y que la vida sanadora Dios restaura todo nuestro ser a salud perfecta. Lo que se daba como un hecho, cambia.

La Verdad nunca cambia, es perfecta y nunca hay apariencia en la Verdad.

La ley de Expresión la usamos todo el tiempo, ya sea en conversaciones en el hogar, trabajo, en las oraciones diarias, hablando con las amistades, en otras palabras, en nuestro diario vivir. Es por eso que debemos ser vigilantes de lo que decimos o expresamos, pues podemos sabotear nuestras oraciones.

Cuando hacemos **afirmaciones,** que son declaraciones positivas de la Verdad, estamos usando la ley de Expresión. Los estudiantes que conocen esta ley, la utilizan amplificando su poder creativo con el **"Yo Soy".**

Cuando hacemos **negaciones,** decir que no es verdad una cosa que parece serlo, estamos usando la ley de expresión.

La ley de expresión es una de las herramientas más poderosas en los tratamientos espirituales.

"Yo Soy sano, fuerte, inteligente y amoroso."

"Yo Soy lleno de la vida divina de Dios".

"Yo estoy abierto y receptivo a todo el bien que Dios tiene para mí".

"Yo Soy exitoso en todo lo que llevo a cabo".

"Yo Soy sano y estoy comprometido con mi salud".

Yo no heredo enfermedad alguna, porque Soy un hijo/a perfecta de Dios.
(Una negación seguida por una afirmación).

La ley de Rendirse a Dios nos ofrece la gran oportunidad de aliarnos con el Poder más poderoso del universo, Dios.

Es la manera más rápida de tener éxito en cualquier área de la vida. Cuando nos rendimos al poder mayor del Universo, Dios se mueve a través de nosotros y hace que logremos lo que solos nunca podríamos lograr.

Una vez nos rendimos a Dios, ya no tenemos el control, *"Dios está a cargo, Dios es la guía y fluímos en la guía que Dios es en nosotros"*.

En lo humano, no nos gusta rendirnos y preferimos dejar ir. Esto es así, porque en lo humano, el rendirse lo vemos como debilidad.

Rendirse a Dios es una experiencia maravillosa, ya que **ponemos a Dios en control** y no vamos a caminar solos. Tampoco vamos a actuar por nuestra cuenta. Vamos a estar totalmente inmersos en la Omnipresencia Dios y en la inmensidad del Bien de Dios

Cuando vienen los retos a mi vida, *"Se los dejo a Dios y confío"*.

Cuando quiero un sentido mayor de propósito en mi vida, *"Rindo mi vida a Dios"*

Cuando quiero ser una persona mejor, *"Rindo mi identidad a Dios y me desprendo de la personalidad"*.

Cuando quiero libertad, *"Suelto mis ataduras, cargas, mis miedos, temores, y me rindo a Dios"*.

La ley de Rendirse a Dios la podemos aplicar en tratamientos espirituales con afirmaciones poderosas, como las siguientes:

"Me rindo a Dios y soy prosperado, amado, sanado, guiado y soy un canal de Poder Divino".

"Confío y Dios está a cargo".
"Dios está a cargo y todo está bien".
"Dios me guía hacia mi mayor bien".

Cuando nos rendimos, eliminamos las adiciones de todo tipo: alcohol, drogas, pensamientos erróneos y negativos y el juzgar.

Ley de Preparación: Esta ley nos dice que debemos hacer toda la preparación posible para estar listos a recibir las contestaciones a nuestras oraciones, peticiones, deseos y proyectos.

La acción de prepararnos apoya nuestra fe. A nivel humano no es concebible que un atleta emprenda un maratón sin haberse preparado con antelación. A nivel espiritual no debemos esperar resultados sin habernos preparado. Nuestro maestro espiritual, Jesús, nos exhortó a *"orar sin cesar"* y Sus discípulos le dijeron: *Maestro, enséñanos y prepáranos para orar como tú lo haces".*

La oración es la actividad del alma más elevada que podemos realizar. Por medio de la oración y la meditación nos conectamos con Dios y traemos el bien a nuestras vidas.

La preparación es cómo nosotros ponemos la acción, apoyados por la Fe. De esta manera hacemos que nuestras oraciones sean poderosas.

Si queremos orar poderosamente debemos prepararnos con antelación. El no conocer esta ley hace que muchas veces no recibamos contestación a nuestras oraciones y no se logre a cabalidad nuestro deseo.

Ejemplo: Si oramos por éxito, pero no nos preparamos con antelación para el éxito. *Prepararse es poner la acción antes de recibir. Es por eso que cuando oramos por algo, debemos estar preparados a recibir por lo que oramos.*

En el Antiguo Testamento hay un pasaje que ilustra sabiamente la Ley de Preparación: 2 Reyes 3:9-11 y 16-20.

Si oras por agua es importante estar preparado para recibirla y tener donde almacenarla, ya sea un dique o una cisterna. Los hebreos preparaban el dique y luego oraban por la lluvia.

De nada vale que venga el agua y no estés preparado previamente para recibirla. Toda el agua se perdería. En ese caso, la oración contestada no rendiría fruto, porque no llevamos a cabo la acción de prepararnos para recibirla.

Nuestra vida está llena de estos ejemplos de falta de preparación física y espiritual. La preparación debe hacerse tanto **de lo Físico como de lo Espiritual.** Preparamos el recipiente y recibimos por la Fe, porque hemos preparado un lugar para Dios.

"La Fe es la certeza de lo que se espera, la convicción de lo que no se ve".   Hebreos 11:1-3

El uso de la Ley de Preparación es para darle poder a nuestras oraciones, peticiones, deseos y proyectos. Ella siempre está lista para trabajar, pero necesita de nosotros para que se manifieste.

El mejor ejemplo es el cuento que casi todos sabemos, del hombre que se subió en el techo de una casa durante una inundación. Hizo pedidos a Dios para que lo sacara a lo seco. Llegó un bote de remo a buscarlo y como no se preparó, no se subió. Luego vino una lancha de motor y tampoco la abordó. Vino un helicóptero y tampoco subió por la cuerda que le tiraron. Cuando ya se estaba ahogando, le reclama a Dios. Dios le responde: —*"Te he contestado tres veces las oraciones y no estabas preparado"*. —

La oración fue contestada, pero el hombre no llevó a cabo la acción de preparación para recibirla.

Jesús enseñó con su ejemplo cuando llevó acabo la limpieza en el atrio del templo. Enseñó que antes de comenzar cualquier proyecto espiritual, debemos preparar y limpiar nuestra alma, nuestra conciencia, de pensamientos de error, de intereses materiales y de actitudes desordenadas e inarmónicas.

Una vez que nuestra alma, nuestra conciencia y corazón estén libres y conozcan la Verdad, proseguimos el camino.

Jesús, conociendo la ley de preparación limpió en dos ocasiones el templo físico, antes de proseguir Su proyecto, Su camino. Al comienzo de Su ministerio, *"Purificación del templo"*, Mateo 21:12 y al final, antes de su gran prueba; *"Último día de Jesús en el templo, acusa a escribas y fariseos"*.   Mateo 23.

El templo representa el cuerpo, la casa del Espíritu. Debe conservarse como un espacio adecuado de adoración y su santidad debe reconocerse. Debe limpiarse y ponerse en orden. Jesús, en ese estado de preparación y conciencia, llevó a cabo la purificación del templo.

El último día que Jesús estuvo en el templo, y en ese mismo estado de conciencia, acusa a los fariseos porque ellos preferían los honores temporeros; amar las formas y los dogmas, la santurronería, las ceremonias y las formas externas de religión. Esa fue su segunda y final limpieza del templo, para luego proseguir Su camino.   Lucas 11:54

Jesús nos enseña con la oración, a prepararnos para reverenciar nuestro cuerpo-templo, a liberarnos de lo corrupto e ilegítimo, a no lastimarlo y explotarlo, porque es el templo del Dios viviente.

"¿Acaso no sabéis que sois templo de Dios y que el Espíritu de Dios está en vosotros?   1 Corintios 3:16

La ley de preparación nos enseña que la acción física debe ir, además, acompañada de la acción espiritual. Nos aquietarmos, relajamos y permitimos **dejar ir, para hacer espacio** en mente, alma y corazón, a lo que vamos a recibir.

Ley de infinita Justicia: Esta ley obra en todas las cosas. La verdadera manera de establecer justicia es apelando directamente a la Ley Divina.

La ley de infinita justicia está ligada a la facultad de la mente conocida como **Juicio**. **El Juicio es el recto pensar**, pensar rectamente. *"No juzgar por las apariencias, sino juzgad por recto juicio"*. Juan 7:24. **Es un acto mental de evaluación.** Lo llevamos a cabo primero con el pensamiento y si le añadimos emoción, le damos poder y se convierte en un sentimiento. Los sentimientos son pensamientos que les hemos dado poder y se hacen personales. Sentir es una reacción mental. Es la razón por la cual debemos vigilar nuestros pensamientos. Jesús, conociendo estas leyes invisibles de la vida, nos lo decía de una manera simple; *"Apacienta las ovejas"*. Las ovejas son los pensamientos.

A través del poder del pensamiento, podemos incorporar a nuestra conciencia la Mente de Dios.

El Juicio no se debe separar del Amor Divino en nosotros, porque si lo separamos, entonces trabaja desde lo humano. El juicio humano, juzgar, endurece el corazón, pues estás dictando castigo sin consideración, motivo o causa. No podemos separar la justicia y el amor. El encuentro de la justicia y el amor, en el centro del corazón, crea equilibrio, aplomo y rectitud.

En conciencia de amor, en conciencia Crística, vivimos siempre pensando rectamente, sin juzgar. Cuando pensamos rectamente, sin juzgar, la Ley de infinita justicia siempre va a trabajar para nosotros

Jesús nos dice que somos bendecidos si tenemos hambre y sed de justicia, pues vamos a ser saciados. Vamos a ser saciados por hablar correctamente, por hablar la Verdad, por no juzgar, por mantener en nuestra mente ideas, pensamientos y sentimientos que enaltecen.

Activamos la ley de infinita Justicia cuando llamamos a nuestras fuerzas internas a la acción y la ley universal hace el trabajo en nosotros.

Todas las leyes se alinean y trabajan para nosotros.

Ley de Vacío: Esta ley consiste en crear un espacio vacío en nuestra mente, alma y corazón y esperar que se llene con las oraciones contestadas. Este espacio vacío Dios lo llenará siempre. Ya sea en lo físico, mental o espiritual.

Para beneficiarnos al usarla, debemos saber de qué consiste y cómo trabaja en nuestra vida espiritual.

La ley de Vacío está muy ligada a la Ley de Preparación. No podemos hacer cambios de pensamientos erróneos, en conciencia, hasta que no los eliminemos de nuestra mente, alma y corazón. Nuestra alma necesita ser preparada para recibir el bien que Dios tiene para ella.

Es esencial recordar el concepto metafísico espiritual que nos dice que los pensamientos son cosas y por lo tanto ocupan un lugar. No puedes colocar ropa nueva en un ropero que ya está totalmente lleno de ropa vieja.

La ley espiritual nos dice que no podemos poner vino nuevo en odres viejos. Si violamos este principio espiritual, no vamos a obtener buenos resultados. El odre, que representa nuestra conciencia, si se rompe se desperdicia lo bueno y nuevo que Dios tiene para nosotros. Debemos estar abiertos y receptivos a nuevas maneras espirituales de pensar.

La transformación **necesita la preparación** previa de ambas leyes. Nuestra conciencia crea el vacío; *tachando, borrando, eliminando, disolviendo,* todo lo que no es del agrado de Dios. Cuando ya el recipiente está listo y vacío, las nuevas Verdades afloran a nuestra alma. Somos nuevas criaturas.

El desconocimiento de las leyes hace que nuestras peticiones no se logren. Es por eso que se pide salud física y cambios físicos, como adelgazar y mejorar nuestro aspecto y salud, y no se consiguen. Si nos preparamos y creamos un vacío en la alacena y en la nevera, donde vamos a colocar nuestros nuevos alimentos, Dios va a satisfacer nuestras necesidades.

A Dios le place darnos lo que por herencia divina nos merecemos. Le place darnos Su Reino, lo mejor y lo bueno, no cosas concretas, ya que éstas no son duraderas. **Hay que recordar que Dios no es un Dios de cosas.**

Le pides dinero a Dios y no está mal, pero si le pides prosperar, sería mucho mejor, pues Dios se encarga de satisfacer todas tus necesidades.

Lo duradero que Dios nos da es lo que recibimos al conectarnos con Su fuente espiritual, Su fuente inagotable de bien.

Ley de Circulación: Esta ley se basa en *dar lo que quieres recibir.*

Todo lo que viene a nosotros, viene de Dios. Dios es nuestro socio y vamos a darle Su parte. No podemos, por ley divina y espiritual, quedarnos con todo lo que nos da el **TODO.**

Por estados de conciencia y actitud de resentimiento, algunas personas dicen: "Yo no doy dinero, pero doy amor o servicio, y está bien, pero debes saber que por la ley, lo que vas a recibir es amor y servicio, no vas a recibir dinero.

Esto es así porque la ley de circulación se basa en dar de lo que deseas recibir. No puedes dar dinero y recibir amor. Si das dinero recibes dinero. Si das amor recibes amor. Si das paz recibes paz.

Debemos ir creando una actitud en conciencia, poniendo a circular, a mover, a soltar, donde tenemos más necesidad en nuestra vida. De esta manera creamos un flujo de vida en nosotros.

Es necesario apropiarnos de todas las leyes invisibles para utilizarlas en nuestro trabajo y tratamiento espiritual.

La Ley de Sacrificio: Antes, el sacrificio se basaba en lo físico y se hacía más fácil entenderlo. Era basado en renunciar a algo para conseguir otra cosa. Se sacrificaban "ofrendas", animales, se hacían ayunos, absteniéndose de comer, se flagelaban, etc.

Hoy sabemos que el sacrificio y el ayuno son en conciencia. *Ayunamos cuando nos abstenemos de pensamientos erróneos y meditamos en la Verdad, para incorporarla en nuestra conciencia de unidad con Dios.*

Constantemente, en nuestra conciencia ocurre un proceso de refinamiento. Llega un momento en nuestro progreso donde existe la necesidad de mayor espiritualidad y renunciamos a creencias viejas "**que parecen buenas**", para aceptar ideas nuevas que se asemejan más a la naturaleza divina en nosotros.

Ley escrita en nuestra mente: Es una ley formulada hace miles de años y nos la describe la Biblia en Jeremías 31:33, *"Pondré mi ley en su mente y la escribiré en su corazón, yo seré su Dios y ellos serán mi pueblo"*.

Esta ley es *el Nuevo Pacto* en el cual el conocimiento directo no tiene que ser enseñado por otro, viene del Espíritu, a través del Cristo.

de Adán a Jesús página 70

La ley de los iguales se atraen o ley de Atracción: Es una ley muy poderosa. La ley dice que todo lo que nos sucede, es porque nos atrajo. También dice que semejante atrae lo semejante.

Las personas espirituales atraen personas espirituales, que están en la misma vibración y estado de conciencia espiritual.

Si permitimos que Dios sea Dios a través de nosotros, es porque somos atraídos por Dios.

Cuando reflexionamos y estamos en conciencia Dios, nuestra mente se hace una con Su Mente. Como hijos de Dios nuestra identidad es sagrada y divina. Somos atraídos totalmente por la Mente Dios.

"Mi mente es la Mente Dios", que explicamos en el primer capítulo.

La Ley de Afinidad de Pensamiento: La usamos cada vez que oramos en el nombre y por el poder de Nuestro Señor Jesucristo. La unidad espiritual y personal que establecemos con Jesús, nos levanta e impregna con Su conciencia.

Al orar en el nombre de Jesús, reconocemos la ley de afinidad de pensamiento. *Cuando pronunciamos Su nombre, hacemos contacto con la mente de Jesús y tenemos la confianza y certeza de que Él está presente, como dinámica fuerza dadora de vida.*

Por la ley de afinidad de pensamiento nosotros reconocemos Su presencia en nuestro trabajo espiritual. Efectuamos una reunión con Su Super Mente y nuestra comprensión espiritual es aumentada miles de veces.

La fe, el pensamiento y la palabra hablada de nosotros, se funden en unidad con el poder de Cristo y la obra se realiza maravillosamente.

Ley de Herencia Espiritual: Esta ley nos dice que como hijos amados de Dios, nosotros tenemos una herencia espiritual que reclamar. *Esa herencia de nuestro Padre celestial consiste de ideas divinas.* El regalo del Bien de Dios se nos ofrece como *"un estado de energía espiritual",* que continuamente se está expresando en lo externo.

Las ideas divinas vienen de lo espiritual, al igual que la sanación viene de lo espiritual.

La razón por la cual nos confundimos es porque en lo humano queremos heredar lo concreto, no ideas.

Es por eso que queremos ser herederos de lo humano, de lo concreto, sabiendo que lo concreto, como el dinero, lo podemos gastar de un día para otro. La herencia espiritual no se gasta, no se evapora, es duradera y eterna.

Creer en lo concreto nos hace creer erróneamente que heredamos enfermedad, pobreza, etc.

Cuando estamos conscientes de nuestra herencia espiritual sabemos que todo lo que queremos de la vida está en nosotros. Sabemos además que las ideas divinas crean experiencias tangibles.

Como hijas e hijos amados de Dios, somos merecedores de todo Su bien.

Si queremos adelantar espiritualmente debemos estar conscientemente conscientes que nuestra identidad es sagrada.

Por la ley de herencia espiritual podemos pedir por las cualidades que deseamos demostrar en nuestra vida.

Nuestra alma está repleta de energía, la cual podemos aislar y generarla continuamente para llevarla a expresión en nuestra vida; una vida próspera, sanadora, de éxitos, vida perfecta, de amor, gozo, paz y alegría.

Por la ley de herencia espiritual *es que a Dios le place darnos Su reino.*   Lucas 12:32.

Nos hace merecedores de todo Su bien. Es en ese reino que vas a encontrar Su Fuente y esa Fuente, Jesús nos dice que está en nosotros.

Ejemplos: Entre las expresiones continuas de ideas divinas se encuentran: Amor, Abundancia, Vida Sanadora, Protección Divina, Sabiduría, Guía, Paz, Armonía, Fe, Fortaleza Espiritual, Poder Espiritual, Imaginación y visualización Espiritual, Comprensión Divina, Voluntad Divina, Orden Divino, Entusiasmo, Renunciación, Vida Divina.

Ley de Acción Mental: Cada día tenemos 60,000 pensamientos. Aproximadamente cincuenta pensamientos por minuto y tenemos la habilidad de procesar ideas, pero el 99% de los pensamientos que hoy tenemos, son iguales a los que tuvimos ayer. Esto demuestra que es difícil cambiar y transformar el pensamiento para los que no están receptivos a lograrlo.

Ley de Mentalismo, nos dice que *"El Universo es Mente"*. Todo viene y se forma desde la Mente. Dios es Mente, Dios es Principio, Dios es Causa.

Ley de Correspondencia: Esta ley nos dice *"Como es arriba, es abajo, como es abajo, es arriba"*. *"En el cielo como en la tierra"*.

"Abajo", significa el plano material, en condiciones humanas o visibles.

"Arriba", se refiere a lo invisible, a lo mental, lo abstracto y a lo espiritual.

La ley de correspondencia es una ley que actúa en todos los planos, superiores e inferiores. Estos planos son solo escalones de evolución y van desde un minúsculo grano de arena, hasta el nivel más elevado espiritual, Dios.

Tomando el ejemplo de una hormiga que vive en el plano de primera dimensión, ella trabaja para sobrevivir, se organiza, fabrica su propia casa y tiene un gobierno para vivir como se hace en la sociedad.

En cada plano existen adelantados que ya se encuentran listos para ascender al próximo plano de conciencia. Entre los animales existen perros, caballos y otras mascotas a las cuales nos referimos, *"solamente les falta poco para hablar"*. Entre los humanos nuestro ejemplo es Jesús, que regresa a un plano inferior para enseñarnos nuestra divinidad y vuelve al plano elevado superior, al cual llama el Padre.
"Salí del Padre y he venido al mundo, de nuevo, dejo al mundo y voy al Padre."   *Juan 16:28*

Nuestra alma conoce esta ley de correspondencia y sabe que en este plano tridimensional en que vivimos, su deseo es espiritualizarse e ir al plano superior. Nuestra alma experimenta ese ir y venir en su proceso de espiritualización plena.

Hay una correspondencia entre las leyes y los varios estados del ser y de la vida. Hay muchos planos que no conocemos y al aplicar la ley de correspondencia a estos planos, mucho de lo que de otra manera nos sería incomprensible, se aclara.

Ley de Vibración: Esta ley nos dice: *"El universo es vibración constante"*. Todo está en constante vibración. Nos movemos y vivimos en constante vibración. Nada permanece estático.

La vida es la energía que lo mueve todo. Es un movimiento perpetuo.

Hay diferentes grados vibratorios en la materia y en el espíritu.

El átomo, la partícula más pequeña descubierta, antes del *"quantum"*, se encuentra en constante movimiento vibratorio circular dentro de sí mismo y sin parar ni por un segundo.

El átomo tiene el neutrón y el protón en su centro de luz. El electrón se encuentra externamente moviéndose y girando incesantemente en la órbita. Los átomos toman un movimiento ondulado cuando vibran a mayor velocidad y así producen las ondas de luz. La onda es todo energía, es la fuerza que llamamos electricidad, la cual nadie ha visto jamás y solamente la conocemos por sus efectos.

Nosotros estamos compuestos por átomos, al igual que todo lo físico.

Se calcula que nuestro cuerpo está formado por ¡57.411.000.000.000.000.000.000.000.000 átomos!

La ley de vibración nos demuestra que nosotros atraemos e irradiamos. Los campos magnéticos que nos rodean emiten energía radiante tanto a nosotros como a los demás. La energía radiante es la que transporta una onda electromagnética.

de Corazón a Corazón pags.87-111

En nuestro cuerpo, el corazón es la fuente más poderosa de energía electromagnética. Emite cinco mil veces más energía que el cerebro. Nuestro corazón puede irradiar energía al corazón de otra persona, hasta diez pies de distancia.

Solamente se necesita una porción de fe, en forma de energía, para mover las cosas materiales. No solamente se mueven montañas, sino todo lo que tiene que ser movido, alejado, removido, de nuestra vida.

Conocer la ley de vibración nos ayuda para avanzar y adelantar, cuando la usamos positivamente.

Mantenernos en una vibración alta y constante debe ser parte de nuestra práctica diaria, ya que el pensamiento positivo, vibra en alta frecuencia.

Por el contrario, el pensamiento negativo tiene una vibración baja.

El coraje hace que la persona lance vibraciones de ira. Esas vibraciones pueden ser atraídas magnéticamente por otra persona que se encuentre en ese mismo estado. En estas situaciones se exige mucho el autocontrol. Debemos ir al centro Crístico en nosotros, donde la tormenta no nos afecta.

Cada vez son más las personas que perciben que a nivel mundial no se está irradiando la luz que se desea. Esto ocurre por vibraciones negativas emitidas por millones de personas. **Conciencia de la Raza** en la página 85.

Nos corresponde a nosotros, como estudiantes de la Verdad, mantener el equilibrio positivo que se necesita en nuestro mundo. Mantener una conciencia de pensamientos amorosos, armoniosos y generosos, poniendo a Dios primero en todo en nuestra vida. Enseñar la Verdad a todo aquel que su alma esté receptiva a conocerla; la Verdad que lo hará libre.

Mientras más positivo pensamos y sentimos, nos mantenemos en una vibración más alta. Estas vibraciones altas tienen el poder de elevarnos del plano que uno se encuentre, a un plano superior espiritual. El plano físico en que nos encontramos es el de la tercera dimensión. **El plano siguiente más elevado es el espiritual,** que se conoce como el plano de la cuarta dimensión.

Ley de Polaridad: Está ley nos dice que *"Todo es doble, todo tiene dos polos; los antagónicos es lo mismo"*. Nos ayuda a conocer lo opuesto y armonizarlo en un solo camino. Ejemplos: **El termómetro** mide calor y frio, diferentes grados de temperatura, pero idénticos en su naturaleza. **Luz y obscuridad**, diversos grados entre dos polos del fenómeno. Donde hay oscuridad, poco a poco penetra la luz. Se sigue ascendiendo hasta que llega la claridad. Lo que separa a cosas diametralmente opuestas es solamente cuestión de grados. Todo par de opuestos pueden reconciliarse Todas las paradojas pueden reconciliarse. Ejemplos: **Amor y odio**; si salimos de un polo en dirección al otro, el sentimiento de odio va a ir desapareciendo y vamos a encontrar más amor. **Valor y miedo**, sigue la misma ley de polaridad.

Podemos clasificar los dos polos en positivos y negativos. Polos positivos pueden ser la fe, el amor, la actividad, la salud, la Verdad, lo superior, etc. Entre lo negativo u opuesto, están: el odio, la inercia, la enfermedad, la falsedad, lo inferior, etc.

El conocer la ley nos ayuda a cambiar un estado de miedo, a valentía y seguridad; un estado de desarmonía y odio, a un estado amoroso, gozoso y feliz; un estado de oscuridad e ignorancia, a uno de luz y sabiduría. La meta no es mantenernos en un estado inferior o intermedio, por el contrario, si hemos avanzado debemos sostener y mantener el estado superior alcanzado. Jesús, nuestro maestro espiritual, nos exhortaba a dejar que nuestra luz brillará delante de los hombres y sostenernos en la luz.

Si un enfermo recibe la visita de una persona espiritual, positiva y conocedora de la Verdad, inmediatamente recibe la energía sanadora y vitalizadora.

Ley del Ritmo: Esta ley nos dice que *"Todo en el universo fluye y refluye"*. Nos recuerda que todo tiene periodos de avance y retroceso. Si observamos las mareas, ellas suben a ciertas horas y con un ritmo regular, bajan a otras. Las estaciones del año mantienen ese mismo ritmo; al invierno lo compensa la primavera y al verano, el otoño.

Siempre hay una acción y reacción; un avance y un retroceso, una elevación y una caída, manifestándose en todas las cosas.

La ley del ritmo nos dice que todo tiene periodos de avance y retroceso; todo asciende y desciende, todo se mueve como un péndulo, **pero nosotros, como seres espirituales, tenemos el poder de rehusar y no aceptar participar en la oscilación retrograda.**

Los estudiantes de Verdades Espirituales han aprendido a seguir el camino superior. **No permiten el atraso o retroceso.** Avanzan hacia la Verdad. Si surge una situación en nuestras vidas, aprendemos de ella y nos movemos hacia delante, hacia lo bueno, perfecto y divino.

El ritmo perfecto de nuestra alma es ir hacia lo divino y sublime. Es un camino de lo físico a lo espiritual, es hacer la voluntad divina, "aquí en la Tierra como en el Cielo".

Ley de Generación: Esta ley nos dice que *"La generación existe por doquier"*. No hay lugar ni tiempo sin generación de vida y amor. Hay femenino y masculino en toda la creación; todo genera y regenera.

Es la capacidad de generar todo tipo de pensamientos. Somos los creadores de nuestra vida. Si mantenemos pensamientos negativos, no podemos generar positividad en nuestras vidas.

Todo en el universo y en nuestras vidas es creado.

Ley de No Resistencia significa no resistir, no luchar con el *"adversario"* (con la situación o reto). Si aceptamos la situación en vez de luchar contra ella, podemos utilizarla para nuestro crecimiento. La actitud de no resistir, nos permite enfrentar todos los retos victoriosamente. Podemos controlar lo que pensamos sobre lo que nos sucede, pero no siempre tenemos control sobre lo que nos sucede.

Ley de Generosa Producción: Esta ley nos dice, "siembra la semilla y ella se multiplica siempre". Esta ley es para satisfacer todas nuestras necesidades.

La ley nos enseña que todas las cosas deben venir a través de un proceso de crecimiento. Madurar en comprensión espiritual no es de un día para otro. Se necesita paciencia emocional y espiritual. La paciencia es una actitud mental que debemos desarrollar. Es la cualidad de resistir con firmeza, con la confiada expectativa de un fin deseado, a pesar de las dificultades y las circunstancias desalentadoras. No se hereda, ni se puede comprar. El proceso de crecimiento y maduración de nuestra semilla espiritual nos lleva a realizar que Dios nunca se atrasa. La semilla divina está en nosotros y si la cuidamos y cultivamos día y noche, su fruto siempre se manifestará. *"Primero hierba, luego espiga, después grano lleno en la espiga".* Marcos 4:26

La impaciencia denota falta de fe y de inmadurez. Hace que se atrase el crecimiento y maduración de la semilla, en la espiga **El desconocimiento de la ley** de crecimiento y generosa producción, y ser impaciente, muchas veces nos hace tronchar el proceso, arrancando la semilla, para saber qué pasa, en lugar de esperar pacientemente y con fe hasta verla brotar. La paciencia permite a Dios ser y hacer.

Los conocedores de la ley permiten que las semillas crezcan y florezcan, otros la han descuidado.

Al conocer la ley, sabemos que lo que siempre sembramos, vamos a cosechar. Vamos a cosechar de lo que pensamos, decimos, hacemos y de todas nuestras actitudes.

La ley nos recuerda que el que poco siembra, poco cosecha y el que mucho siembra, mucho cosecha. 2 Co.9:6

Ley Evolutiva: Esta ley está basada en la tendencia ascendente de todas las cosas. En nosotros se aplica a la elevación de nuestra conciencia, **de lo físico**, de los sentidos, **a** la conciencia **espiritual**. Nosotros activamos esta ley y la mantenemos en acción, a través de nuestros pensamientos.

Nuestra alma siempre anhela ascender al plano espiritual.

Lo que somos es el resultado de **la evolución** de nuestra conciencia. Nuestra conciencia es el resultado de semillas de ideas cosechadas en la mente. Esas semillas las implantó Dios en el principio, cuando nos creó.

Ley de Equilibrio Universal: Esta ley nos dice que hay una **bondad divina** en la raíz de toda existencia. No hay hombre o mujer que al reconocer y aceptar el Cristo morador, esta bondad divina no se revele en él. Esta bondad divina muchos la tienen reprimida por años y se manifiesta cuando menos la esperan. A la larga, a todos nos llega el momento de ajustar cuentas. Esta es la ley de equilibrio universal, el equilibrio del Ser.

Ley de Atracción: Esta ley nos dice que todas las condiciones y circunstancias en asuntos y cuerpo, son atraídas a nosotros de acuerdo a los pensamientos que mantenemos constantemente en la conciencia.

Atraemos a nosotros lo que somos y pensamos. Esta ley la enseñó Jesús amorosamente en la tercera Bienaventuranza: *"Dichosos y bendecidos los misericordiosos, porque ellos alcanzarán misericordia".*

Los misericordiosos son bondadosos en pensamiento y actuación. Le dan el bien a la vida y reciben lo bueno de la vida. Dan paz y atraen paz; dan amor y atraen amor; dan amistad y atraen amigos. Piensan rectamente y reciben trato justo.

Lo que viene a nuestras vidas es lo que somos y lo que nuestra conciencia ha atraído.

Lo que verdaderamente somos lo vamos a expresar en todas nuestras acciones. Lo que indica lo que verdaderamente somos, es lo que hacemos y no lo que decimos.

"Atraes lo que eres, no lo que quieres"

Los adelantados espiritualmente se han preparado (ley de preparación) y son atraídos (ley de atracción) al que lo pueda seguir adelantando.

La ley de atracción mental es el secreto de una vida abundante en todas las áreas de nuestra vida.

Ley de Conservación: Es la creación de una gran reserva consciente de *sustancia, vida, fortaleza y poder,* en lugar de atesorar bienes materiales solamente.

La ley de conservación nos invita a crear una gran **reserva de sustancia,** porque es una idea divina que hace potente y fértil nuestra conciencia. *La sustancia es la energía viviente de la cual todo está hecho.* Está presente en todas partes. Está siempre con nosotros y lista para ser usada.

Dios es la totalidad de la siempre presente sustancia en la cual vivimos, nos movemos y somos. La sustancia que Dios es, está debajo de toda la materia y todas las formas. Es la base de toda forma.

La sustancia no puede verse, probarse o tocarse. Es la esencia espiritual de la cual están hechas todas las cosas.

Jesús dijo: *"Tengo carne para comer que vosotros no conocéis".*   Juan: 6:51 y 6:25-34

Carne es la sustancia y el cuerpo espiritual. Carne es igual a pan. **Vino** es el principio de vida espiritual.

La sustancia espiritual de donde emana todo, jamás se agota.

La ley de conservación nos invita a crear una **reserva de vida.** Debemos crear estas reservas de vida y sustancia porque ellas son ideas en la Mente Dios, las cuales están también en nuestra mente. Solamente tenemos que avivarlas en nosotros. Jesús nos enseñó que a través de nuestra mente nosotros podemos hacer que esa vida nos obedezca. La Vida es el principio que lleva a cabo la idea y la sustancia es la idea que recibe la acción.

Dios es Vida, la fuente y el soporte de toda energía y actividad. Dios es la esencia de vida que infiltra todo nivel de nuestro ser, nuestro espíritu y nuestra mente.

La ley de conservación nos invita además a crear una gran **reserva de fortaleza** y poder.

La fortaleza es una fuerza poderosa en nosotros que proviene de Dios. Nos ayuda a hacer la voluntad de Dios en toda situación.

La ley de conservación nos invita a crear una gran **reserva de poder**. Con esa reserva de poder vamos a poder tener un control absoluto de nuestros pensamientos y sentimientos.

Esta ley se basa en que lo duradero, permanente y puro son **los tesoros del Reino del espíritu, que vamos a**

conservar sobre todo lo demás. Estos tesoros no se destruyen y no pueden quitárnoslos.   Mateo 6:19-20

Ley de Expansión Infinita: Esta ley se basa en el principio de crecimiento y desarrollo incesante, hacia el logro de una conciencia en unidad con Dios.

Ley de Purificación de Pensamiento nos dice que el hombre, a través de la mente, vence todo pensamiento de error en lo externo y edifica una conciencia Crística pura.

Ley de Rectitud: La ley nos dice que la naturaleza del universo es pureza y bondad. Nosotros, al morar en la conciencia Crística, nos alineamos con la ley divina. Nos elevamos de la conciencia de los sentidos, a la conciencia espiritual.

Ley de Compensación: La ley está basada en tres leyes que se compensan una a la otra: la ley de Acción y Reacción, de Dar y Recibir y la de Causa y Efecto. La ley de compensación es una ley fundamental muy necesitada para vivir plenamente.

1-**La ley de Acción y Reacción-** Nos dice que según pensamos, hablamos y actuamos hacia otros, así los otros pensarán, hablarán y actuarán hacia nosotros.

2- **Ley de Dar y Recibir:** Para comprender y mantener el orden divino, *la sustancia debe tener en la conciencia, tanto una entrada como una salida y debe mantenerse en movimiento.*

> Libro: **de lo Físico a lo Espiritual**, página 137
> Libro: **de la Mano de Jesús**, página 67-69

Debemos estar siempre listos para dar y recibir. Así como damos, recibimos. *"El dador y la dádiva es lo mismo".* **El dador de todo es Dios y toda dádiva viene de Dios.** Al dar, abrimos el camino para que las bendiciones de Dios circulen.

Debemos recibir libremente y dar libremente tal como se recibe.

3-**Ley de Causa y Efecto:** Esta ley nos dice que, *"Toda causa tiene su efecto, todo efecto tiene su causa".* Es una gran ley para escoger todo lo bueno y manifestarlo hacia todo.

Las causas y efectos funcionan en un plano fuera del reino de la conciencia Dios. Esto lo que significa es que causa y efecto, secuencia y consecuencia, son ley solo para la mente y lo físico y no son ley para el Espíritu.

Charles Fillmore lo expresó de la siguiente manera: *"En todas las actividades vitales existe una cadena de acción mental que une causa y efecto. Esta cadena la forja el hombre, y sus eslabones son los pensamientos y las palabras"*.

En el Espíritu no hay ley. No hay ley de retribución en Dios, porque el amor de Dios es incondicional.
"Con amor eterno te he amado".   Jeremías 31:3

Retribución significa recibir recompensa o castigo de acuerdo a lo que uno hace, pero Dios no castiga, ni premia. **Dios es Amor.**

Los efectos se disuelven al saber la Verdad. *Lo que hacemos a otros regresa a nosotros de alguna manera, en algún momento.* Necesariamente no tiene que venir y probablemente no vendrá, de la persona que lo haya recibido de nosotros, pero sí vendrá.

Si nosotros en el pasado iniciamos una causa que produjo un efecto no agradable, no bueno, podemos poner en marcha una nueva causa, para que la causa nueva produzca un efecto nuevo.

A continuación, un ejemplo de la ley de causa y efecto en la enfermedad física, mental y de relaciones:

- Todas las causas están en la mente, donde albergamos pensamientos erróneos, de desarmonía mental y física. Estas causas producen un efecto.

- El efecto de esos pensamientos es la enfermedad.

- Pero esos efectos no tienen que ser permanentes, duraderos, ni eternos, pueden borrarse, disolverse, dejarlos ir y sanarse. Lo podemos hacer a través de un tratamiento espiritual con oración, negación y afirmación.

- Logrando como resultado, el restablecimiento de nuestra salud en mente, alma y cuerpo.

Enfermedad:

Las causas están en la mente, por lo tanto, pensamientos erróneos de enfermedad están en la mente. **Los efectos de esos pensamientos en la mente se manifiestan en el cuerpo**. Si aceptamos la apariencia de enfermedad en la mente como real, el efecto en el cuerpo va a ser enfermedad. Por el contrario, si mantenemos una conciencia de salud y perfección en nuestra mente (Causa), manifestaremos en el cuerpo salud y orden perfecto (Efecto).

Para restituir la salud perdida y sanar, debemos eliminar la causa mental. No hay remedios alternos. Debemos establecernos en conciencia de fe. *"Al que cree todo le es posible".* En el estado de conciencia de fe el efecto que vamos a lograr es la expresión del hombre Crístico perfecto que existe en cada uno de nosotros.

Ley Divina: La ley divina es el resultado ordenado de los principios del Ser o de los ideales divinos en expresión y manifestación, en toda la creación.

La ley divina no falla y es revelada a nuestra mente a través de nuestro pensar consciente, en ideas espirituales. Jesús nos dio la Ley de afirmación y amor, las Bienaventuranzas. Moisés nos dio la Ley de afirmación y negación, los Diez Mandamientos.

La ley divina nos hace responsables por el resultado de nuestras obras.

La ley divina se nos revela, cuando pensamos conscientemente en ideas espirituales.

Ley Mortal: Es la ley de limitación que el hombre ha hecho para sí mismo.

Ley todo proveedora: Dios es la ley todo proveedora. Es la sustancia espiritual de la cual está hecho todo lo que necesitamos y deseamos. El Padre provee a todos Sus hijos abundantemente de Su propia abundancia. *Hay una sola mano en el universo, es la mano de Dios.*

La Nueva Ley de Vida es la que enseña que lo que le das a la vida, recibes de la vida. El que da paz, recibe paz, el que da amor, recibe amor, el que da amistad, recibe amigos, el de recto pensar, recibe trato justo.

Lo que viene a ti, es lo que tu conciencia ha traído hacia ti.

Tenemos el poder de cambiar nuestro patrón de atracción. Cambiar, significa pensar de un modo diferente, despertar, nacer de nuevo, transformarte, arrepentirte de pensamientos erróneos y renovarte.

Ley de Gracia: Nos dice que la gracia es el favor divino y que no tenemos que pedirla, ni ganarla. Nos es dada por amor. Nos es dada gratuitamente a todos, por Dios.

Es inagotable. Siempre cosechas mayor bien del que siembras, porque es el deseo de Dios de expresare por medio de nosotros.

La gracia es la ayuda de Dios en el proceso de regeneración. Es el amor de Dios en acción.

"Por gracias sois salvo". Efesios 2:4-5

La gracia no podemos detenerla y no la podemos poner a funcionar. Simplemente es algo que es.

La gracia trabaja para nosotros continuamente. Trabaja más allá de la ley y en adición a la ley.

Al conocer las leyes de la Verdad ya no debemos hablar de suerte, pues la suerte no es más que el nombre que se le da a una ley no conocida. Ya sabemos que lo que nos sucede son efectos de las causas que hemos creado. Ya no hablamos más de buena suerte, mala suerte o casualidad. No existe casualidad, sino causalidad.

Capítulo11

Un solo Dios en tres fases de expresión

de lo físico a lo Espiritual reconoce la trinidad de Dios: Padre, Hijo y Espíritu Santo, reconoce la trinidad de nuestra naturaleza: Espíritu, Alma y Cuerpo, reconoce la trinidad de nuestra mente: supra consciente, consciente y subconsciente, y reconoce la trinidad triple de la mente: mente, idea y expresión.

La trinidad de Dios no son tres dioses separados, sino *un solo Dios en tres fases de expresión*:
Como Creador divino, **Dios es Padre.**
Como Ser divino en la humanidad, **Dios es Hijo** y
Como poder espiritual en actividad, **Dios es Espíritu Santo.**

La clave del misterio de la trinidad es que recordemos los términos: Padre (Dios), Hijo (el Cristo) y el Espíritu Santo (poder espiritual en acción), no son cosas separadas, sino simplemente son tres aspectos de nuestro único Dios.

La palabra trinidad no se utiliza, ni aparece en la Biblia. Surgió como una doctrina en el Concilio de Nicea en el año 325 E.C.

Algunos explican la trinidad como un misterio y crean mucha confusión al decir que son tres personas en un solo Dios, cuando sabemos que Dios es Espíritu y no persona.

"Dios es Espíritu" le dijo Jesús a la samaritana.   Juan 4:24

"Dios no es Dios de confusión"   1Corintios 14:33

La trinidad de Dios: Padre, Hijo y Espíritu Santo y representa los tres aspectos primarios del SER, que interpretamos metafísicamente como mente, idea y expresión.

El proceso creativo de Dios es mente, idea y expresión. La Mente Dios crea una idea y ésta idea la manifiesta, la expresa.

Dios Padre es la Mente, **el Hijo** es la Idea y el **Espíritu Santo** es el poder y la actividad espiritual de Dios.

La manera de utilizar la idea de lo que somos fue creada por Dios.

La mente es Dios, **la idea es Jesús** y la expresión es el Espíritu Santo, la actividad espiritual.

En la Mente Dios hay una *idea* perfecta del hombre perfecto. La *idea* del hombre perfecto, del hombre divino, del hombre verdadero, fue Jesús quien mejor la expresó. Fue por eso que se le llamó, **el Cristo.**

Así es que *el Cristo es **la idea** en la Mente Dios, del hombre perfecto manifestado.*

Podemos entender que esa idea, **"el Cristo"**, estaba en la Mente Dios antes de expresarse. En otras palabras, estaba en la Mente Dios, antes de expresarla Jesús.

Fue por esa razón que Pablo en la carta Colosenses año 60-61 E.C., **nos dice que esa idea era el misterio que había estado oculto desde los siglos y edades, pero que ahora ha sido manifestado a los santos.** *"Cristo en nosotros esperanza de gloria".*   Colosenses 1:12

El Cristo es la idea del hombre perfecto en la Mente Dios y esa idea existe en todo hombre, al ser creados por Dios y convertirnos en sus hijos. Tenemos la identidad de Dios. Nuestro Padre espiritual es Dios. Somos Creación Divina y se nos implantó esa semilla de divinidad desde que fuimos creados. Esa semilla divina, **"el Cristo"**, es nuestro ADN espiritual.

El Cristo Morador existe en todo hombre, lo exprese o no. Por herencia divina, el Cristo existe en toda la humanidad. Algunas personas expresan más el Cristo que otras, y hay otras que a pesar de que tienen la semilla divina del Cristo, no la expresan. A cada uno individualmente le corresponde expresar el Cristo. Si expresamos y manifestamos la conciencia Crística, estamos haciendo lo mismo que Jesús. *"EL que cree en mí, va a hacer las obras que yo hago y mayores que éstas hará"*.

Juan 14:12

La trinidad de nosotros, la naturaleza del ser es Espíritu, Alma y Cuerpo.

El Espíritu es nuestro ser divino, es el origen de lo que uno es. El espíritu en nosotros es perfecto, inalterable, infinito, indestructible, incambiable, en definitiva es lo que verdaderamente somos. Nuestro espíritu nos mantiene conectados con Dios y en esa unidad, la Mente Dios y la mente nuestra son una.

El Espíritu en nosotros es la Fuente infinita de donde emanan y surgen las ideas divinas; pensamientos elevados puros y sanos que van a llegar a nuestra alma mientras estemos receptivos a aceptarlos.

El Espíritu nace con nosotros y es por eso que es el aspecto espiritual de nuestro ser. Por eso es invisible y eterno. En nosotros es la mente real, la Mente Divina.

Al ser eterno e incambiable desde nuestra infancia hasta nuestra eternidad, jamás cambiará.

En el tratamiento de sanación espiritual debemos también entender y conocer nuestra alma y su función como parte de nuestra totalidad. Metafísicamente al alma se le conoce como corazón. También muchas veces le llamamos conciencia. El llamarle al alma corazón o conciencia no debe causar confusión. Pablo le llamaba al alma, el corazón del hombre.

Nuestra alma son nuestros pensamientos, sentimientos y recuerdos. Ella toma ideas divinas del Espíritu o de la mente supra consciente y se apropia de ellas para espiritualizarse. Mientras más nuestra alma esté lista y receptiva a recibir ideas divinas, más espirituales somos.

Nuestra alma solamente usa lo que puede aceptar. Si es un alma preparada y receptiva a lo bueno, al bien que es Dios, va a ser un alma espiritualizada. Es un alma transformada que ha estado lista para hacer cambios, para lograr el verdadero renacimiento espiritual.

Al nosotros saber que nuestra alma tiene la asombrosa habilidad de acudir al Espíritu interno y al mundo externo, nos vamos a cuidar de dirigir nuestro pensamiento para apropiarnos de lo que Dios nos ofrece y no de lo que el mundo ofrece.

Nuestra alma sube a la montaña y desciende al valle. Es el ritmo perfecto del alma. *"Así en el cielo como en la tierra"*. Se apropia tanto de lo humano como de lo divino. La montaña significa los cielos de la mente, lo más elevado de nuestra mente.

Vamos a estar bien conscientes de nuestros pensamientos, vamos a permitir que pasen de nuestra mente consciente a nuestra mente subconsciente. Nuestra mente consciente va a actuar como un portero, dejando pasar pensamientos positivos, buenos, perfectos y sanos y evitando dejar pasar pensamientos erróneos y negativos, que no engrandecen.

Es en el subconsciente, en nuestra alma y corazón, que hacemos el trabajo de transformación.

El subconsciente no discierne y por lo tanto, acepta todo pensamiento, ya sea bueno como no bueno, si nuestro portero, nuestra mente consciente, lo ha permitido.

El tratamiento espiritual trabaja en el nivel de nuestra mente subconsciente, donde se almacena todo pensamiento, sentimientos, experiencias, recuerdos………

En el subconsciente, en nuestra alma y corazón, es donde trabajan las oraciones, afirmaciones y negaciones.

Al igual que nuestro Espíritu, nuestra Alma es eterna. Por lo tanto, la parte de nosotros que no es eterna es el Cuerpo.

Aunque el cuerpo no es eterno, debemos recordar que es el reflejo de nuestra mente. Por eso decimos que el alma esculpe al cuerpo y por eso refleja lo que ocurre en nuestros pensamientos, sentimientos y recuerdos. Así es que nuestro cuerpo es la expresión externa de nuestra conciencia y a esta expresión, la llamamos ser humano.

Como seres espirituales, Dios se expresa a través de nosotros.

Capítulo 12

Tratamiento Espiritual

En los años que he dedicado a las enseñanzas de las Verdades Espirituales, puedo dar fe de lo exitoso que han sido los estudiantes y lectores que han puesto en práctica las enseñanzas de la Verdad en sus vidas.

Poner en práctica la revelación de la Verdad es un compromiso inmenso e individual. Es dar lo mejor de nosotros, al vivir la Verdad como la conocemos.

Los seis libros de Verdades Espirituales son una base que ayuda en gran manera a la formación espiritual, para convertirnos en *sanadores espirituales.*

♥ De nada sirve toda la teoría si no ponemos en práctica lo aprendido.♥

El conocimiento que hemos adquirido de la totalidad de Dios, de la totalidad de nosotros, de los principios de Verdades Espirituales y las enseñanzas de Jesús, nos prepara para entender los tratamientos espirituales y como aplicarlos.

No solamente debemos ser estudiantes de la Verdad, sino también sanadores espirituales. **La esencia de las enseñanzas de Jesús tiene que ver con la sanación en mente, alma, cuerpo y asuntos.**

Un tratamiento espiritual puede ser muy simple, como bien abarcador. Puede consistir de una sencilla y poderosa oración o puede comprender una o varias afirmaciones relacionadas con la condición o necesidad.

Tan abarcador puede resultar el contenido del tratamiento, que puede comprender principios, conceptos, leyes espirituales, universales, fiscas y enseñanzas de Jesús.

Toda persona es un sanador. Nacemos con la semilla sanadora. La sanación viene de lo interno en nosotros, viene de Dios.

Pensamientos espiritualizados sanan nuestra mente, alma y cuerpo. Tenemos la responsabilidad de nuestra propia sanación, pues sabemos que nuestro cuerpo es el resultado de nuestro pensamiento.

Nuestros pensamientos espiritualizados vienen de Dios, de lo interno en nosotros, al igual que la sanación.

La sabiduría espiritual nos dirige a una actitud mental correcta y receptiva a escuchar y espiritualizar cuerpo y alma. Por ser nuestro cuerpo el vestido exterior de nuestra alma, cuando ella se apropia de lo bueno que viene del espíritu, el cuerpo también se espiritualiza.

Podemos levantar nuestro cuerpo a una expresión igual al espíritu, a través del tratamiento espiritual. Jesús lo hizo y nos dijo que las cosas El hacía todos podemos hacerlas, si creemos.   Marco 9:23

Los tratamientos espirituales de afirmación, oración, meditación y reflexión, re-educan nuestra mente y logramos resultados positivos, **cambiando la causa que produce la imperfección.**

Para obtener la sanación en un tratamiento espiritual, debemos eliminar la causa mental que está produciendo la situación no deseada.

Todas las causas tienen un efecto. Las causas están en la mente y el cuerpo las manifiesta. Si albergamos en nuestra mente pensamientos erróneos de síntomas y enfermedad, manifestamos en nuestro cuerpo la enfermedad. Si por el contrario, nuestros pensamientos son de salud, nuestro cuerpo manifestará salud.

No hay enfermedades, lo que hay son enfermos.

"Dios nunca ha estado enfermo"
"Dios restaura y redime siempre"
"Dios es mi Fuente de vida renovadora y revitalizadora"

Re-educar la mente implica eliminar todo aquello que nos atrasa, que no engrandece y que no viene de Dios. Lo hacemos eliminando, borrando y tachando lo negativo y erróneo, de nuestros pensamientos.

Nuestra alma anhela re-educarse para eliminar sus ídolos. Algunos de estos ídolos son: el orgullo, vanidad, egoísmo, envidia, vanos placeres, complejos de superioridad; y **reconocer la Verdad como la única realidad.** Anhela dejar ir la conciencia personal y vivir espiritualmente.

Un tratamiento eficaz es repetir varias veces al día la siguiente afirmación:
"Si hay algo en mí, que está impidiendo mi sanación, quiero que se disuelva ahora".

Para lograr un tratamiento eficaz, debemos incorporar la Mente Crística a nuestro tratamiento.

No podemos olvidar que por herencia divina, en nosotros están los atributos de Dios.

En los seis libros de esta colección de Verdades Espirituales y la Biblia, podemos encontrar los fundamentos espirituales y prácticos de los tratamientos que aplicó Jesús.

Jesús aplicó en su ministerio de sanación: principios, leyes, verdades, conceptos, afirmaciones y oraciones. Sus enseñanzas prácticas nos revelan los tratamientos espirituales poderosos que aplicaba en cada persona necesitada.

Su propósito fue hacer la voluntad del Padre y Su misión *fue enseñar, y sanar toda enfermedad y dolencia.*

de la mano de Jesús-página 25-29

La expresión más elevada de la voluntad es la aceptación consciente de hacer la voluntad de Dios.

"La voluntad de Dios es el bien Absoluto"

Las preguntas que debemos hacer o hacernos antes de comenzar un tratamiento espiritual de sanación con oración o afirmación es: **¿Qué queremos sanar?** y **¿Cómo vamos a orar y afirmar?**

Debemos finalizar en meditación, haciendo un silencio para oír la voz de Dios, *"el silbo sagrado y apacible".*

Hay tantas maneras de orar, como de personas. A pesar de eso, los discípulos de Jesús le dijeron:

"Maestro enséñanos a orar".　　　Lucas 11:1

Ellos deseaban conseguir los mismos resultados que Su maestro lograba. Ellos deseaban aprender a **orar afirmativamente.**

Orar afirmativamente es lo que se conoce como la **Oración científica.**

Lo primero que Jesús enseñó fue a establecerse en la Presencia Dios, a quien llamó, **el Padre**. Comenzó reconociendo su filiación y la de nosotros, afirmando: *"Padre Nuestro"*.　**de Adán a Jesús**, pág. 125-134

Ni al comienzo ni al final de su ministerio se separó de Su filiación espiritual. Afirmó: *"Subo a mi Padre y a vuestro Padre, a mi Dios y a vuestro Dios"*.　　Juan 20:17

Espiritualmente somos hijos de un mismo Padre (Padre Nuestro). Biológicamente es que somos hijos de diferentes padres.

Nuestra herencia espiritual es la abundancia de todo bien. *En los tratamientos espirituales no debemos tratar de dictar la manera cómo ha de llegar nuestro bien.* Debemos estar receptivos y en actitud de esperar su llegad.

El tratamiento espiritual lo hacemos cuando nuestra alma anhela sanar una situación de salud del cuerpo, de la mente, de relaciones, de dependencia, de economía, perdón, escases, intranquilidad, hábitos indeseables, injusticia, impaciencia, tensiones y prisas.

No existe una guía escrita de tratamientos espirituales, aunque si podemos individualmente seguir unos pasos.

Esos pasos incluyen:
1-Reconocimiento de la Presencia Dios:

Lo primero que debemos hacer es establecernos en la Presencia amorosa Dios, antes de comenzar a orar y afirmar declaraciones de Verdad. De esta manera ponemos a Dios primero sobre todas las cosas.

Podemos comenzar con la siguiente oración: *"Hay una sola Presencia, un solo poder, una sola actividad en nuestras vidas y en el universo, Dios el bien Absoluto, Omnipotente, Omnisciente y Omnipresente"*.

Invocación de Charles Fillmore: adaptación
- Estoy en la Presencia del SER puro,
- Sumergido en el Espíritu Santo de vida, amor y sabiduría.
- Reconozco la Presencia y el Poder de Dios.

- Con la sabiduría divina, borro ahora mis limitaciones mortales.

- De la pura sustancia de amor, traigo a manifestación mi mundo, de acuerdo a la ley perfecta.

2-Aceptar en mente, alma y corazón que fuimos creados a la Imagen (idea) y Semejanza de Dios.

Si aceptamos esta Verdad, estamos aceptando y reconociendo nuestra divinidad.

"Yo Soy hijo del Dios viviente"

Al reconocer que fuimos creados por un Creador perfecto, que crea perfecto, aceptamos la Verdad Absoluta de **Perfección Divina** en nosotros. Al así hacerlo, reconocemos que somos un hijo y una hija de Dios. Nuestra naturaleza es espiritual, divina.

"Porque también somos linaje suyo".

Génesis 17:28

De Dios fluye la vida y la salud a través de cada parte de nuestro ser. *"En Dios vivimos, nos movemos y tenemos nuestro ser".* Hechos 17:28

La energía divina está presente en cada una de nuestras células, tejidos y órganos.

Dios es salud, no se enferma. Dios es armonía perfecta, no tiene problemas. Dios es abundancia, bondad y generosidad, no le falta nada. Dios es el bien. **Dios es todo.**

El amado Dios de amor a todos por amor nos creó.

3-Fe y Amor: Un tratamiento de sanación espiritual eficaz requiere Fe y Amor perdonador.

El mejor ejemplo de esto fue la simple afirmación que hizo Jesús en el tratamiento espiritual de la mujer con flujo de sangre: *"Tu fe te ha sanado".*   Marcos 5:34

Afirmación:

"Mi fe me sana siempre".
"Dios es mi fortaleza en toda necesidad".
"Mi Fe me sostiene ante toda duda".
"Mi Fe es inmutable, es mi roca".

Meditación: El poder de Dios fluye a través de mí, fortaleciéndome, reedificándome y restaurándome. La corriente de Su vida se difunde por todo mi ser y cada célula de mi cuerpo resuena con nueva vida y poder. Su infinito amor me envuelve, calmando todo dolor, trayendo paz a mi mente y perfección a mi cuerpo.

El amor es el cumplimiento de la ley divina.

El amor perdonador está en nosotros y lo liberamos al estar conscientes que ese amor no se ofende. *"Nada ni nadie puede ofender el amor perdonador divino que está en nosotros".* Somos nosotros los que nos ofendemos y es por lo cual tenemos que perdonarnos.

Primero, debemos perdonarnos por habernos aferrado a creencias falsas acerca de quien **Yo Soy**. *"Ahora sé que mi verdadera naturaleza es espiritual, que **Yo Soy** un hijo de Dios, ideado a Su idea".*

de Corazón a Corazón; capitulo 1 y 2

Perdono cualquier pensamiento de error que haya llegado a mi mente, alma y corazón. Me perdono por los errores pasados y abro mi mente y mi corazón a la actividad del amor de Dios, que me liberad de sentimientos de culpabilidad. Estoy abierto y receptivo a la Verdad. Estoy en paz y Soy libre. Gracias Dios.

Le pido perdón a mi cuerpo:

Por haber pensado mal del él. Por haber hablado mal de él. Por haber olvidado darle gracias por todo lo que hace y sigue haciendo por mí. Por quejarme, en lugar de bendecir mi cuerpo-templo.

A nuestro cuerpo-templo, Pablo le llamaba, *"el edificio de Dios".*   1 Corintios 3:9

Desde este momento expreso agradecimiento y doy gracias:

- **A mi boca,** por ser la entrada del sistema digestivo que me permite nutrirme sabia y correctamente y por poderme expresar con amor y rectitud.

- **A mis ojos,** por permitirme ver más allá de las apariencias. A través de ello, puedo ver y sentir las ilimitadas bendiciones que Dios siempre tiene para mí.

- **A mis oídos,** por escuchar con atención toda cosa buena y agradable.

- **A mi sistema circulatorio,** por dejarse dirigir por mi corazón y ser el canal a través del cual fluye la vida y el amor divino, nutriendo cada célula, tejido y órgano de mi cuerpo.

- **A mi sistema inmunológico,** por su protección a mi vida que tanto valoro.

- **A mi sistema nervioso,** que me mantiene armonioso, tranquilo, sereno y en paz, secreteando y liberando las mejores neuro-hormonas, que mantienen mis células brillantes, en la luz divina.

- **A mi sistema respiratorio,** le doy las gracias porque me permite inhalar y exhalar para aquietarme en la Paz Divina. Por transportar el oxígeno que respiro, a todas mis células, tejidos y órganos de mi ser; nutriente vital para la vida.

- **A mi sistema músculo esquelético,** por sostén y fortaleza.

- **A mi piel**, órgano más extenso de mi cuerpo, por protegerme y cubrirme con tanto amor.

- **A mi sistema de eliminación** (riñón e intestinos), por reconocer y eliminar de mi cuerpo toda sustancia no necesaria.

Al nivel de conciencia que me encuentro, sé que **Dios no juzga** y por lo tanto no tiene nada que perdonar. Yo Soy el que tengo que perdonar y perdonarme por juzgar o haber juzgado. **Dios es Amor**. La razón por la cual nosotros debemos perdonarnos a nosotros mismos es porque juzgamos, herimos y nos herimos. Esas heridas son sanadas en el tratamiento espiritual.

4-En un tratamiento espiritual nos podemos valer, tanto de la palabra silenciosa o la palabra audible:

Cuando oramos o afirmamos lo podemos hacer silenciosamente. *"Tratamiento de oración y afirmación silenciosa"*. Nunca estamos solos. Dios siempre está en y con nosotros. Por eso cuando Jesús dijo*: "donde dos o tres están reunidos en mi nombre, allí estoy yo en medio de ustedes"*. Dos o tres significa, nuestro espíritu, alma y cuerpo. Es nuestra naturaleza triple. Somos íntegros y perfectos.

En ese silencio nos hacemos uno con y en Dios. La serenidad de nuestra alma la encontramos en el silencio del pensamiento humano.

James Dillet Freeman nos dijo:

- **En el silencio** se encuentra la fortaleza para un cuerpo cansado.
- **En el silencio** está la luz para la mente sin gozo.
- **En el silencio** está el amor para el espíritu solidario.
- **En el silencio** está la paz para el corazón atribulado.
- **Allí,** las preocupaciones del día de trabajo se disipan
- **Allí,** todo el ser se convierte en un lugar de oración, un templo sagrado sobre la colina.
- **Allí,** conoces a Dios como una presencia viviente y a ti mismo, como un hijo y una hija de Dios.

El silencio es un lugar sagrado de quietud y paz. No está lejos. Está justamente donde estamos en este momento. Cerramos las puertas de nuestros sentidos, aquietamos los pensamientos y nos dirigimos a Dios. Cuando entramos al silencio, el mundo exterior y sus problemas se disipan. Cuando salimos del silencio, nuestro cuerpo y nuestra mente se han aquietado, refrescado y restaurado. Somos redimidos en cuerpo y alma.

En el silencio estamos conscientes de Dios.

La palabra audible:

En el tratamiento espiritual, además de la palabra silenciosa, nos valemos de la palabra audible. La palabra audible amplifica su poder.

El poder de la palabra nos fue dado desde el principio, para ser usado con autoridad y dominio. La palabra es sagrada, pues viene del Espíritu, el que da vida.

"Las palabras que te he dado son espíritu y vida".

Juan 6:63

Jesús fue enfático sobre el uso correcto de la palabra. Nos exhortó diciéndonos:

"Sea vuestro hablar Sí, sí; No, no". Mateo 5:37

Esta exhortación de Jesús nos ayuda al hacer afirmaciones. (declaraciones positivas y correctas de la Verdad).

Un ejemplo, si decimos: *"Soy perfecto, Soy sano"*, estamos afirmando una Verdad. Podemos continuar la afirmación añadiendo, *"Soy perfecto, Soy sano, no heredo enfermedad alguna, pues soy una hija/hijo amado de Dios".*

Nuestro cuerpo es el resultado de nuestros pensamientos, es nuestra responsabilidad transformarlos y cambiarlos, para participar en nuestra propia sanación.

Se ha demostrado que las emociones son pensamientos que les hemos dado poder. Las emociones desencadenan liberación de neuro-hormonas que actúan modificando el núcleo de nuestras células. (**Ver capítulo #7,** en el cual explicamos brevemente los avances de los estudios de la física cuántica y su interrelación entre el pensamiento y la realidad).

Nuestra alma, nuestra conciencia, nuestra mente y corazón, necesitan del cambio en la manera de pensar y hablar, para que un tratamiento de sanación espiritual sea eficaz.

El saber que toda situación o condición está en lo relativo, nos asegura que puede ser cambiada y sanada. Lo demás, no es real, es la apariencia. Sabemos, que las apariencias no son la Verdad.

Reconocemos la Verdad como la única realidad.

"No juzguéis por las apariencias, sino por recto pensar".

Sabemos que el amor de Dios está dentro del corazón de todos. Ese amor es tan poderoso que atrae el bien deseado.

Nosotros no sabemos los deseos del corazón de los demás, pero Dios si lo sabe.

La Verdad es que en nosotros está el sanador. Dios es el sanador y su vida sanadora fluye a través de todo nuestro ser; espíritu, alma y cuerpo.

de la mano de Jesús, páginas 115

Cuando oramos no se necesita entrar en los pormenores de la necesidad. Siempre partimos de la seguridad que Dios conoce los anhelos de todos los corazones.

Jesús no indagaba en detalles para llevar a cabo un tratamiento de sanación. Muchas veces hacía lo que parecía ser una simple pregunta: — **¿Quieres ser sano?**—

¿Estás preparado? Muchas veces se dice que se quiere ser sano, pero no se ha hecho el trabajo de preparación para recibir la sanación. Tampoco se ha preparado el vacío en la conciencia para recibir la salud perfecta y divina.

Lo correcto es hacer el trabajo espiritual de preparación previa, para recibir. Esta incluye permitir que se haga la voluntad divina en toda situación y condición.

La voluntad divina es siempre buena en gran manera, es el Bien de Dios para nosotros.

Si la sanación ha llegado a través de un tratamiento espiritual con oraciones, afirmaciones, negaciones y prácticas de meditación, no se debe estar rememorando la condición pasada. El que lo hace es por desconocer una de las enseñanzas básicas de Jesús: —*"Vete y no se lo digas a nadie".* —   Mateo 8:4

En otras palabras, recordar la condición no enaltece a nadie. Por el contrario, hablar de condiciones que han pasado y sanado, hace que la mente subconsciente vuelva a recibir esa información que ya había sido borrada y disuelta en el proceso transformador y sanador. Recordemos que la mente subconsciente es el almacén de nuestros pensamientos, buenos, como no tan buenos. A nosotros nos corresponde nutrirla con pensamientos sanadores y positivos.

Si queremos ser felices lo podemos lograr si perseveramos, **afirmando y reclamando** que estamos llenos del espíritu de felicidad. Sabemos que la felicidad de Dios es Omnipresente.

Una afirmación poderosa a la hora de acostarse es:

"Me levantaré en la mañana con energía radiante y con el poder de realizar todo lo que tenga que hacer".

Un tratamiento sencillo, rápido y poderoso para cuando nos sentimos ocupados por asuntos, es sostener en nuestra mente el siguiente pensamiento:

"Entrego todos mis asuntos amorosamente en las manos del Padre y todo aquello que es para mi mayor bien, se manifestará en mi vida".

Cada vez que necesitemos comenzar un tratamiento espiritual en particular, debemos elegir pensamientos que nos ayuden y expresarlos en palabras que se ajusten a la necesidad en particular. Luego, meditamos en esos pensamientos hasta que podamos sentir que son la Verdad acerca de nosotros.

Sabemos que la prosperidad es la satisfacción de nuestras necesidades y Dios es nuestra Fuente en toda necesidad.

La prosperidad se manifiesta acondicionando nuestras mentes para aceptar más el Bien de Dios. Nos vemos, y vemos a los demás aceptando su bien. Sabemos que los asuntos de nosotros y de todos los demás, son enriquecidos y bendecidos, pues la abundancia de Dios es para todos. Nos vemos prosperando en todas nuestras necesidades.

En Dios no hay necesidad que Él no pueda satisfacer. Si no sabemos cómo afrontar una necesidad, **Dios si lo sabe.**

5-Agradecimiento: Expresando gratitud es la manera de finalizar un tratamiento espiritual.

"Gracias Padre porque sé que siempre me oyes".
Juan 11:42

Igual que comenzamos el tratamiento espiritual, de la misma manera finalizamos; aquietándonos, relajando todo nuestro ser y dando **Gracias.**

Al así hacerlo, vamos entregando toda situación al amoroso cuidado del Padre, Dios.

Damos gracias por la naturaleza espiritual en nosotros. Somos seres espirituales.

Al finalizar te recomiendo las siguientes oraciones:

- Gracias Dios, por abundantes bendiciones en mi vida y en la vida de las personas por las cuales oro.

- Gracias Dios, por bendecir mi cuerpo-templo. La salud es mi estado natural. Mi cuerpo es íntegro y completamente sano.

- Gracias Dios, por borrar miedos y preocupaciones de mi mente. Gracias por llenar mi mente con pensamientos de fe, esperanza y amor.

- Gracias Dios, por provisión abundante. No limito mis bendiciones a condiciones y expresiones externas. Tú eres mi fuente inagotable de bendiciones.

- Gracias Dios, por la sabiduría que me permite ver más allá de las apariencias, las ilimitadas bendiciones en cada situación.

- Gracias Dios, por los seres maravillosos en mi vida. Por la bendición que traen a mi vida. Los bendigo y oro por las bendiciones que tienes para ellos.

- Gracias Dios, por un mundo seguro para vivir. Gracias por un mundo de paz y armonía.

- En fe, amor y gratitud vivo cada día de mi vida en oración.

Es necesario apropiarnos de todas las leyes invisibles que hemos estudiado, para utilizarlas en nuestro trabajo espiritual.

La ley de Amor, la ley de Perdón, la ley de Pensamiento Creativo o Visualización, ley de Expresión, la ley Divina, la ley de Rendirse, la ley de Preparación, la ley de Circulación, la ley de Atracción, la ley de Atracción del Alma, la ley de infinita Justicia, ley de Vacío, la ley de Purificación del Pensamiento, la ley de Rectitud, la ley de iguales se atraen, la ley de sacrificio, la ley de Expansión Infinita, la ley de Dar y Recibir, la ley Divina, la ley Escrita en Nuestra Mente, la ley Evolutiva, la ley de Afinidad del Pensamiento, la ley de Acción Mental, la ley de Mentalismo, la ley de correspondencia, la ley de vibración, la ley del Ritmo, la ley de Causa y Efecto, la ley de generación, la ley de no resistencia, la ley de generosa producción, la ley evolutiva la ley de Compensación, la ley Natural, la ley de herencia Espiritual, la ley Genérica, la ley Mortal, la ley Natural, la ley de Equilibrio Universal, la ley de Conservación, la ley de Polaridad, la ley Todo

Proveedora, la ley de Transgresión de la Ley, La Nueva ley de Vida y otras.

Capítulo 13

Desarrollo del movimiento metafísico espiritual.

Vamos a repasar brevemente como fue la evolución del movimiento metafísico espiritual desde sus comienzos.

Metafísica es la rama de la filosofía que estudia la naturaleza fundamental de la realidad del ser.

La naturaleza fundamental del ser, de nosotros, es divina, espiritual. Cuando decimos **ser** con minúscula nos referimos a nosotros, a las tres partes de nuestra totalidad. Estas tres partes son: Espíritu, Alma y Cuerpo. Cuando decimos **SER** con mayúscula, nos referimos a Dios.

La palabra metafísica surgió al tratar de agrupar unos trabajos de Aristóteles.

La historia nos cuenta que Aristóteles delegaba en su ayudante la función de agrupar sus escritos de física en los estantes de su biblioteca. El escribió en papiros unos temas de física, los cuales no cabían en el estante designado. Su ayudante colocó éste grupo de escritos que quedaron sin agrupar, en el estante de atrás y les llamó **metafísica,** significando para él, lo que está detrás de la física, pero que también de manera didáctica significa: *"más allá de lo físico".*

Entre los primeros filósofos metafísicos que se conocen están: Sócrates, Platón y Aristóteles.

Sócrates: 470-399 a.C.

Filósofo metafísico griego. No dejó ninguna obra escrita. Su reflexión se centró en el ser humano, particularmente en la ética. Su método de enseñanza se conoció como diálogo socrático. Consistía en hacer preguntas hasta llevar al alumno a alumbrar la Verdad y a descubrirla por sí mismo, pues estaba alojada en su alma. Al final del diálogo se podía reconocer si la opinión final del estudiante era una apariencia engañosa o un verdadero conocimiento.

Sócrates pensaba que el hombre no podía hacer el bien si no lo conoce, es decir, si no posee **el concepto del bien** y los criterios que permiten discernirlo. Decía que la aspiración del hombre era la felicidad y hacia ella encaminaba todas sus acciones. Consideraba **la sabiduría** la más importante de todas las virtudes. Decía que nadie obra mal a sabiendas. Si alguien engaña es porque en su ignorancia, no se da cuenta que el engaño es un mal. La honestidad es un bien y aporta buenos beneficios, como: confianza, estima, honorabilidad, reputación.

Consideraba la sabiduría, la virtud y la felicidad como inseparables. **Conocer el bien** nos lleva a una conducta virtuosa y ésta conduce a la dicha.

Platón: 427-347 a.C.

Filósofo metafísico griego y discípulo de Sócrates. Contrario a su maestro, escribió varios libros. Fundó la escuela de filosofía, "la Academia de Platón", a las afueras de la ciudad de Atenas, junto al jardín dedicado al héroe Academo. De ahí surge el nombre de Academia. La Academia de Platón contaba con una residencia de estudiantes, biblioteca, aulas y seminarios especializados. Fue el modelo y precedente de las modernas instituciones universitarias. En ella se estudiaba y se investigaba sobre todo tipo de asuntos, pues la filosofía englobaba la totalidad del saber, hasta dar lugar a ramas más diferenciadas del saber, como la lógica, la ética o la física.

Platón utilizaba el diálogo para exponer un pensamiento filosófico. Entre sus obras se encuentran: el diálogo "el Fedón". Contiene el tema de **la inmortalidad del alma;** el diálogo "El Banquete", donde seis oradores debaten el tema sobre **el amor;** el dialogo "la República", que contiene tres temas: "ético-político, estético-mística **y metafísica;** el dialogo "Fedro", que contiene debates sobre **el amor y la belleza.**

Del contenido de estos escritos de Platón surge un verdadero sistema filosófico de gran alcance ético, basado en la teoría de las ideas.

La teoría de las ideas se fundamenta en que más allá de los objetos físicos existe lo que Platón llamó el *mundo inteligible*. Tal mundo es uno espiritual, constituido por una pluralidad de ideas, como la idea de la Belleza o de la Justicia. **Las ideas son perfectas, eternas e inmutables, inmateriales, simples e invisibles.**

Para Platón las ideas se encuentran en un nivel jerárquico. La idea que se encuentra en el nivel más alto es **la del Bien**, que ilumina a todas las demás, comunicándole su perfección y realidad. Le siguen en está jerarquía, las ideas de **Justicia, de Belleza, de Ser y de Uno.**

Decía que el mundo inteligible, el mundo espiritual, es la verdadera realidad, es el verdadero ser. El mundo de los sentidos es mera apariencia de ser. Lo que el mundo físico percibe mediante los sentidos, está sometido a constante cambio y degeneración. Es un mundo de apariencia. El verdadero conocimiento es el mundo de las ideas.

Platón teorizó sobre muchos temas, entre ellos sobre el alma y el cuerpo, sobre las virtudes y sobre el estado ideal y política.

Aristóteles: 384-322 a. C

Filósofo metafísico griego y discípulo de Platón. Estudió en la Academia de Platón. Desarrolló su propio pensamiento filosófico y fundó el Liceo de Atenas.

Aristóteles decía que el objetivo del ser humano es ser plenamente feliz y que solamente lo logramos a través del conocimiento y la razón.

Decía: *Educar la mente sin educar el corazón, no es educación.*

Fue metafísico, biólogo, lógico, matemático, ético, escritor, cosmetólogo, astrónomo, y científico.

Sostenía la teoría que la materia se originaba en la mezcla de cuatro propiedades fundamentales: caliente, frío, húmedo y seco. Estas se combinaban entre sí para dar lugar a los cuatro elementos o esencias: tierra, agua, aire y fuego, a los que añadió un quinto elemento, **la quinta esencia o éter,** que formaría los cuerpos celestes.

Ese quinto elemento, el éter, era una sustancia hipotética extremadamente ligera que se creía ocupaba todos los espacios, como un fluido. Constituía el medio transmisor de todas las manifestaciones de la energía. El éter tiene varios significados Todos van a depender del área en donde se le esté aplicando.

La química explica lo que es el éter. Una vez el éter se usó como anestésico. Se ha usado en la industria como disolvente de grasas, etc.

La mitología griega llamaba al éter la esencia pura que respiraban los dioses, llenando el espacio donde vivían, en contraste con el pesado aire que respiran los mortales.

Para Aristóteles el éter era una sustancia divina e indestructible situada en el Universo, allí donde se formaban las estrellas y otros cuerpos celestiales. Se consideró como un fluido que llenaba todo lo que se creía espacio vacío en el Universo.

Entre el siglo XV1 y X1X la ciencia y la filosofía comienzan a separarse. Galileo y Descartes estaban entre los científicos y filósofos más reconocidos.

Galileo Galilei: 1564-1642

Italiano, filósofo, ingeniero, matemático, físico y padre de la astronomía. Inventó el telescopio. Estudió la luna, el sol y su relación con la Tierra.

Él fue el propulsor de la Ley de movimiento uniforme acelerado / ley universal de aceleración.

Isaac Newton: 1643-1727

Inglés, matemático, astrónomo, teólogo, escritor, autor, físico. Descubridor de la Ley de Gravedad y de las tres leyes de movimiento.

Estas leyes son consideradas como las más importantes de la mecánica clásica: la ley de inercia, la relación entre fuerza y aceleración y la ley de acción y reacción.

James Maxwell: 1831-1879

Nació en Escocia. Fue físico y matemático. Formuló la teoría de radiación electromagnética. Propuso que siendo la luz de una naturaleza ondulatoria, necesitaría un medio para propagarse con la velocidad, que dependería de la naturaleza del medio. Ese medio debía ser la sustancia que le denominó **éter**, por su similitud con el concepto griego original.

Los metafísicos contemporáneos llaman *"éter"* al medio invisible que llena todo el espacio.

René Descartes: 1596-1650

Francés, filósofo, metafísico, matemático y científico. Abandonó el conocimiento derivado de los sentidos y la razón y se basó en la intuición de que cuando uno está pensando, está existiendo. *"Pienso antes de ser"*.

Se le atribuye haber desarrollado el dualismo mente-cuerpo.

Nuevo Pensamiento:

A mediados del siglo X1X surge en los Estados Unidos un movimiento espiritual que se va a conocer como *Nuevo Pensamiento.*

El nuevo pensamiento es una filosofía metafísica, no religiosa. **Surge con el propósito de dar respuesta a la necesidad interna de encontrarnos con nuestra divinidad.**

Este movimiento empieza a crecer debido a la necesidad de experimentar a Dios de forma directa, sin intermediarios, que explique qué visión de Dios es la verdadera.

La idea principal del Nuevo Pensamiento es: El pensamiento tiene la capacidad de influir en la realidad y sabiendo usar la *"la mente"* se pueden lograr los resultados deseados y no ser víctimas de las circunstancias.

En el Nuevo Pensamiento se practican las afirmaciones, el pensar positivamente, la meditación y la oración. Estas prácticas transforman la manera de nosotros pensar y nos dirigen hacia el logro de nuestro bien.

La Nueva Era: Siglo XV111

Más tarde surge otro movimiento muy diferente al Nuevo Pensamiento, que se llamó la Nueva Era. **No tiene nada que ver con el Nuevo Pensamiento.** La Nueva Era nace de un concepto de cambio astronómico (la llegada de la Era de Acuario). La Nueva Era mezcla filosofías y creencias mágicas de diferentes pueblos indígenas y culturas ancestrales del mundo. Incluye creencias de tipo espiritistas y ocultistas.

Alice Bailey: 1880-1943

Fue de las primeras escritoras que usó el término Nueva Era. Escribió veinticuatro libros.

Pioneros y autores del Nuevo Pensamiento:

Dr. Phineas Quimby: 1802-1866.

Americano, fundador y padre intelectual del movimiento del Nuevo Pensamiento. Filósofo, sanador y maestro metafísico espiritual. Su técnica de sanación era sin medicinas.

Sus escritos, *"Manuscritos de Quimby"*, fueron publicados en formato de libros, por Horatio Dresser, en el 1921, después de su fallecimiento.

Dr. Phineas Quimby practicó exitosamente la sanación espiritual en su ciudad y probó que lo que llamamos **"enfermedad"**, no es la causa, y si el efecto.

Horacio Dresser: 1866-1954.

Líder religioso, metafísico y autor de muchos libros del Nuevo Pensamiento.

Su libro, *"El Poder del Silencio"*, es el primer volumen de una serie de estudios sobre la vida interior. Su interés no era primordialmente psicológico, ético o religioso, sino que no le importaba una fe en particular. Había una demanda por una nueva ciencia y un nuevo arte, el arte y la ciencia de la vida interior. El arte era necesario para resolver los problemas de aplicación práctica de los preceptos éticos, religiosos y filosóficos. La ciencia moderna y los experimentos dirigirían el camino en la dirección práctica.

Otros libros de Horatio Dresser:

El Poder del Silencio-1895
Viviendo por el Espíritu-1900
Educación y filosofía-1900
Salud y la Vida interior-1906
El médico del corazón-1908
La historia del Nuevo Pensamiento-1919

Mary Baker Eddie: 1821-1910.

Nació en Inglaterra, fundadora del **movimiento Ciencia Cristiana.**

En 1875 escribe el libro Ciencia y Salud. Está basado en que la enfermedad es una ilusión que se puede corregir solamente con la oración.

Estuvo muchos años buscando remedios para su invalidez hasta llegar al Dr. Quimby. Con su técnica de sanación sin medicinas, ella mejoró y recuperó su salud, luego de muchos años en tratamiento.

Al morir el Dr. Phineas Quimby ella tuvo un accidente y quedó paralítica. Estuvo mucho tiempo en cama y comenzó a leer la Biblia hasta que sintió la Presencia Dios y sanó.

Toda su vida había estudiado la Biblia. Ella se consideraba a sí misma como una pionera espiritual cuyo trabajo entremezclaba la ciencia, teología y medicina. Su enseñanza se basaba en que la enfermedad y la muerte no tenían base en la realidad porque la materia en si no es real. Estas son una ilusión producto de no creer y del fallo de entender el verdadero concepto de Dios. Sus seguidores no toman medicinas, ni consultan a los médicos. Ciencia Cristiana no le daba al cuerpo su verdadero significado.

Es importante dejar claro que el nombre Ciencia Cristiana se utilizó por muchas personas que enseñaban la Verdad.

Maestros y estudiantes se fueron separando de Ciencia Cristiana y escogieron sus propios nombres para sus movimientos.

Emma Curtis Hopkins: 1849-1925

Americana, maestra, escritora, teóloga, mística y líder espiritual. Fue estudiante de Mary Baker Eddie y de Ciencia Cristiana.

Muchos dicen que fue la **fundadora del Nuevo Pensamiento.** Entre sus estudiantes que más se han destacado están: Charles Fillmore y Myrtle Fillmore, co-fundadores de Unity; Emily Caddy, Frances Lord, George Edwin, Malinda Cramer, fundadora de Ciencia Divina; Ernest Holmes, fundador de La iglesia Ciencia Religiosa.

"Si Dios es nuestro mundo, ¿por qué temer?"
Emma Curtis Hopkins

Malinda Cramer: 1845-1906.

Fundadora de la filosofía **Ciencia Divina.** Estuvo desde muy joven incapacitada y ningún médico la podía sanar. Luego de veinticinco años de incapacidad, se le recomienda mudarse a San Francisco, California. Se somete a tratamientos médicos y no logra restablecer su salud. Un día ella declara: *"No voy a ver ningún otro médico".* —Su esposo le pregunta qué va a hacer. — Ella le responde: *"Voy a sanar, por supuesto".* Más tarde ella escribe: *"El hacha cortó la raíz del árbol y las condiciones pasadas, pasaron tan rápido como yo disolví mis creencias en viejos hábitos".*

El movimiento de Ciencia Divina estaba dedicado a la sanación y enseñanza. Malinda Cramer conoce a Nona Brooks a través de una revista que ella publicaba: "Fulfillment". Fue a conocerla en persona y descubrió la similitud entre ellas en el camino de la Verdad. Deciden adoptar el mismo nombre de Ciencia Divina a su movimiento espiritual.

Malinda Cramer murió a consecuencia de las heridas sufridas en el terremoto de San Francisco.

Nona Brooks: 1861-1945.
Nació en una familia donde existían númerosos problemas de salud. Ella se mudó a Colorado buscando un clima más saludable.

Nona desarrolló una seria enfermedad de la garganta que le impedía comer alimentos. Estaba sumamente delgada y perdía peso progresivamente. Una amiga de su hermana, quien daba clases de espiritualidad, le contó cómo había sanado, luego de haber asistido a clases con Emma Curtis Hopkins.

Las hermanas decidieron asistir a sus clases, las cuales enfatizaban en **la Omnipresencia.** Se valían de la poderosa afirmación:

"Dios es mi salud, no puedo enfermar".

Ambas, luego de un tiempo dejaron de afirmar, pero continuaron en las clases. Unos días más tarde, estando en el salón de clases, Nona Brooks sanó. Ella declaró que el salón se llenó de luz. Esa noche pudo ingerir comida regular con el resto de su familia.

Desde ese momento las hermanas comenzaron a enseñar y daban tratamientos espirituales de sanación.

Abrieron un colegio de enseñanza y publicaron su revista "Fulfillment".

Para el 1957 existían unas doce iglesias de Ciencia Divina en todo E.U. Aproximadamente tenían unos 7,000 miembros.

Joseph Adams:

Metafísico espiritual. Escribió la revista *"La Cosecha de la Verdad",* en Chicago. Fue a Kansas City y los Fillmore estudiaron con él.

Dr. Eugene B. Weeks:

Metafísico espiritual y conferenciante. Fue discípulo de Mary Baker Eddy.

En el año 1886 los Fillmore asistieron a una conferencia con Dr. Weeks. De esa conferencia, Myrtle Fillmore, que se encontraba gravemente enferma, salió con una convicción nueva y transformadora. Su mente comenzó a repetir la afirmación de Dr. Weeks, quien enseñaba sanación Divina: *"Soy una hija de Dios y por lo tanto, no puedo heredar enfermedad."*

Esa idea sencilla y divina de ser una hija de Dios y que la voluntad del Padre solamente podía ser vida y perfección, llenaron su mente y su cuerpo. En el 1888 se llevó a cabo su sanación completa.

Charles Fillmore: 1854-1948.

Místico, maestro, ministro, sanador espiritual, constructor y escritor.

Junto con su esposa Myrtle, fundó Unity, una filosofía espiritual dentro del movimiento del Nuevo Pensamiento.

Estudió a Shakespeare, Tennyson, Emerson, Lowell, obras de espiritualismo y de religiones orientales.

Construyó la villa de Unity en el pueblo de Lee Summit, Kansas City, Missouri, donde se encuentra la torre de Oración, de 165 pies de altura, construida en 1929. En 1942 estableció la biblioteca metafísica más completa de los Estados Unidos y en el 1967, el Instituto Unity de Cristianismo. Son enseñanzas basadas en cristianismo práctico positivo y en las enseñanzas de Verdad, ejemplificadas por Jesucristo.

A los diez años se fracturó la cadera y quedó con retos físicos por más de treinta años, hasta que comenzó a sanar a través de la oración afirmativa y la práctica de las Verdades Espirituales.

Vivió noventa y cuatro años. Los últimos sesenta años los pasó en una constante vida de oración, meditación, y cultivando sus poderes espirituales. Escribió el libro *"Los doce poderes del hombre"*. **Charles enseña que existen doce poderes básicos en todas las personas y nos corresponde a nosotros avivarlos y traerlos a expresión en todos nuestros asuntos**. Cada uno de esos poderes están representados por un apóstol. Pedro representa el poder de la Fe, Andrés, su hermano, representa la Fortaleza, Juan, representa el Amor, Santiago, el hijo del Zebedeo, representa la sabiduría, Felipe, el Poder, Bartolomé, la Imaginación, Tomás, la Comprensión, Mateo, la Voluntad, Santiago hijo del Alfeo, el Orden, Simón, el Entusiasmo, Tadeo, la renunciación y Judas, la Vida irredimida.

Enseñaba que no debemos ser formales con Dios e invitaba a mantener todo el tiempo una conversación amistosa con Dios.

Myrtle Fillmore (Mary Caroline Page):1845-1931

Maestra, ministro, metafísica espiritual, escritora, sanadora espiritual.

En el 1988 sanó completamente de su condición de salud. Para beneficio de los enfermos, comienza a aplicar lo que la había sanado. Oraba con los enfermos y aplicaba tratamientos espirituales a los que necesitaban sanar de alguna condición. Estableció grupos de estudio y de oración.

En el 1989 publicó *"Pensamiento Moderno"* y dijo de la revista: *"Es el vocero de toda alma sincera que busca intensamente la luz espiritual"*.

En el 1891 los Fillmore fundaron y escogieron el nombre de *"Unity"*, Escuela de Cristianismo Práctico, para su movimiento espiritual. Está basado en la oración, en el poder de la mente sobre el cuerpo y en cinco principios básicos:

1-Dios es el Bien Absoluto.

2-El Cristo es la semilla divina en nosotros.

3-Al escoger lo que pienso, lo que siento y creo, formo mis propias experiencias.

4-Por medio de la oración y la meditación, me conecto con Dios y traigo el bien a mi vida.

5-Una vez conozco la Verdad, vivo de acuerdo a ella.

En el primer ejemplar de la revista Unity apareció el globo alado en la parte superior de la primera página, el cual se ha mantenido a través de los años. Es un antiguo símbolo egipcio. Para Charles Fillmore representó la tierra y su alma. *"Cuando desarrollamos una conciencia Crística, cogemos vuelo"*. El describió el alma como las als del cuerpo. El Espíritu es el principio envolvente en que existen el alma y el cuerpo.

Charles le describió a un artista cómo deseaba que dibujara el globo alado y desde ese entonces se puede ver en toda revista, templos y escuelas de enseñanza del movimiento Unity.

Dra. Harriet Emilie Cady: 1848-1941

Nacida en New York, doctora en medicina, escritora, líder espiritual.

Ella comenzó a tratar a sus pacientes como seres espirituales y los ayudaba a encontrar en ellos mismos la fuente de su salud, para la mente y el cuerpo. Estaba convencida de que Dios siempre era el que sanaba.

Fue estudiante de Emma Curtis Hopkins, una de las pioneras del Nuevo Pensamiento.

Emilie Cady escribió un folleto llamado, *"Encontrando el Cristo en nosotros"*, el cual llegó a Charles y Myrtle Fillmore. Ellos le propusieron que ella escribiera para su movimiento espiritual, Unity.

Escribió el libro *"Lecciones Acerca de la Verdad"*, a pedido de Charles Fillmore. Actualmente *"Lecciones Acerca de la Verdad"* es uno de los principales libros del movimiento Unity de cristianismo práctico.

Ella decía: *"Dios es la inteligencia permanente que llena y renueva nuestra mente siempre. Nunca está separado, por eso somos el templo del Dios viviente"*.

Emmet Fox: 1886-1951

Ministro, escritor y líder espiritual del Nuevo Pensamiento. Fue famoso por las grandes multitudes que acudían a su iglesia en New York. Entre sus libros se encuentran: *"EL Sermón del Monte"*, *"La llave de oro"*, "Los siete principales aspectos de Dios", *"Poder a través del pensamiento constructivo"* y *"Busca y usa tu poder interior"*.

Sra. Conny Méndez: 1898-1979.

En el movimiento latino se destaca la Sra. Conny Méndez. Nació en Caracas, Venezuela. Fue cantante, compositora, maestra metafísica cristiana y escritora.

Estudió con Emmet Fox, asistiendo a sus conferencias y difundiendo literatura, libros y conferencias. Tradujo los libros de Emmet Fox al español.

Enseñó metafísica espiritual en los términos más sencillos para que fuese comprensible al que necesitaba conocer la Verdad de Dios y no tenía los conocimientos para poder digerir los textos de psicología y metafísica, tal como están escritos en castellano.

Escribió una colección de libros: *El librito Azul, un manual de metafísica cristiana en términos sencillos; Metafísica 4 en 1(volumen 1 y 2); Metafísica al alcance de todos; Te regalo lo que se te antoje; Piensa lo bueno y se te dará; y otros más.*

Capítulo 14

La física cuántica y su relación con las leyes invisibles de la vida.

El propósito de esta lección es informar al estudiante de una manera corta, sencilla y clara sobre el tema de la física cuántica y las Verdades Espirituales.

Segundo, informar los avances tecnológicos, demostrando el poder del pensamiento para trasformar nuestro ser y realidad.

Al escoger lo que pienso, lo que siento y creo, formó mis propias experiencias.

La física cuántica, es decir, el modelo teórico y práctico predominante hoy en día en las ciencias, ha demostrado la interrelación entre el **pensamiento y la realidad.** *Cuando creemos que podemos, en realidad, podemos.*

En otras palabras, cuando creemos que podemos, la física moderna nos dice que *nosotros realmente podemos crear nuestra realidad.*

Jesús, hace más de dos mil años, enseñó lo que actualmente la ciencia y la física está demostrando con sus experimentos y resultados. El pensamiento tiene poder para transformar nuestro ser y realidad.

"Si crees puedes" Marcos 9:23

*Nosotros somos **los pensadores*** que pensamos los pensamientos que tienen poder de cambiar nuestro ser y realidad.

A través de este libro de Verdades Espirituales Verdades Espirituales, **de lo Físico a lo Espiritual,** el estudiante se expone a leyes espirituales, leyes universales y leyes de física cuántica.

No es el propósito de este tema tocar los aspectos abstractos de la física cuántica, sino su relación con las leyes invisibles de la vida.

La palabra **"quantum"** se está usando muy frecuentemente sin tener una clara noción del concepto y lo que realmente significa. Esta palabra fue acuñada en el año 1900 por el físico alemán Max Plank. Quantum es la cantidad mínima de energía que puede emitirse, propagarse o absorberse.

Plank sugirió que al observar **el espectro de las ondas electromagnéticas,** entre éstas: la luz visible, los rayos-x, los rayos ultravioletas, los gamas, las microondas, y las radio ondas, las podía explicar solamente asumiendo que ellas aparecían como *discretos paquetes de energía* a los cuales él llamó, **"quanta"**. "Quanta" es el plural de quantum.

Quiero señalar que la fuente más poderosa de energía **electromagnética** en nuestro cuerpo, es el corazón.

Los campos electromagnéticos de nuestro corazón impregnan cada célula de nuestro cuerpo, además de irradiar energía al exterior, a lo que nos rodea.

Somos seres de energía y luz. Energizamos a los que nos rodean. Libro: **de Corazón a Corazón**, Energía y Luz, capítulo #7, página 87.

Jesús estaba consciente de Su energía, la cual irradiaba y dirigía correctamente. A la mujer enferma que le tocó Su manto, le dijo:

"Alguien me tocó, porque energía salió de mí.".

Lucas 8:46

Pasaron tres décadas de investigaciones y esa idea de Plank hizo cambiar la manera de ver el universo.

El desarrollo de la física cuántica envuelve leyes que se conocen como **leyes de física cuántica**. En las leyes de la física cuántica podemos encontrar contestaciones y justificaciones para casi todo aspecto de nuestras vidas.

La física cuántica es la ciencia que describe la naturaleza, a los niveles atómicos más pequeños. Lo que ocurre a esos niveles pequeñísimos tienen efectos grandiosos. **La teoría cuántica describe el universo como un sistema entretejido gigante, que lo envuelve todo, donde lo que ocurre en un extremo del mundo, puede simultáneamente tener efecto en algún otro sitio del mundo.** Mientras el humano se cree separado del mundo en que vive, fundamentalmente están inseparables, según el modelo cuántico del universo.

En mecánica cuántica se habla de sistemas físicos los cuales son influenciados por condiciones y estados específicos. Por lo tanto, hay mecanismos que pueden alterar esos estados cuánticos.

Al igual sucede en nuestras vidas, pues hay condiciones, situaciones y eventos, que pueden alterar nuestros estados de paz, gozo, alegría, felicidad, salud, prosperidad.

La mecánica cuántica es sobre todo, **"estados"**; estados de posición, estados de momentum, estados cerrados, estados abiertos, estados estacionarios, estados de supresión y estados de saltos.

La mente de nosotros la podemos definir como si fuera un estado cuántico. **El estado estacionario** es el más importante en la mecánica cuántica. Así fue como comenzó este campo de la ciencia. Una vez que un sistema está estacionario se mantendrá así hasta que se interrumpa.

En nuestra vida espiritual, emocional y física nos sucede lo mismo, deseamos mantener un estado estacionario de estabilidad, seguridad, satisfacción, gozo, felicidad y armonía plena. No deseamos que éste se interrumpa.

En la física, al igual que en la vida de nosotros, ese estado estacionario puede sufrir **cambios**. Por lo general, si estamos en un estado de conciencia superior, los cambios que ocurren en nuestra vida son mayores y para bien. Por consiguiente, logramos mayor felicidad, salud, gozo, entusiasmo y armonía.

A nivel cuántico, los **cambios** ocurren dentro del átomo, en forma **de saltos**. Los electrones, cuando ocurren cambios, tienen que saltar de una órbita, a otra superior. Al así hacerlo, **emiten luz. A esos saltos se les llama "salto cuántico".**

Nosotros, cuando hacemos **cambios** y transformaciones en nuestras vidas, de un estado estacionario de conciencia a otro estado estacionario mayor o superior, también **emitimos luz.**

Jesús, muy certeramente y conociendo está Verdad, nos exhortó a cambiar para bien y emitir luz.

"Dejad que la luz brille delante de vosotros".

Mateo 5:16

Cuando dejamos brillar nuestra luz, damos el mismo salto cuántico que dan los electrones cuando cambian de órbita.

Jesús nos enseñó a limpiar nuestra conciencia de creencias falsas, negativas, dañinas, y traernos a la luz de la verdadera comprensión espiritual. *Nos enseñó a dar el salto cuántico.*

Si continuamos aplicando la mecánica cuántica en nuestras vidas, vamos a saber que en la música el estado estacionario se conoce como **estado armónico.**

Nosotros, al igual que en la música, nos podemos mantener en ese mismo **estado estacionario armónico** de paz, felicidad y armonía, cuando estamos en conciencia Dios.

Los electrones en el átomo están rodeados por unos círculos, límites o fronteras. A esos círculos que rodean a los electrones en el átomo les imponen condiciones limitantes. En la física cuántica esos círculos limitantes determinan los **"estados"**.

Igualmente ocurre alrededor de nosotros. Nos limita el ambiente que nos rodea, la conciencia de la raza, las personas negativas.

Si nosotros cambiamos lo que nos limita, al igual que en la física cuántica, nuestras condiciones cambian.

Por otro lado, estar rodeado por fronteras y círculos saludables, positivos y espirituales, va a crear estados estacionarios más elevados de armonía, paz, poder y energía divina.

En nuestra vida diaria hablamos de energía para referirnos *a fuerza, vigor, acción o actividad.*

La energía es lo que hace que todo funcione. Sin energía no podemos funcionar ni nosotros, ni las máquinas. No podrían producirse los procesos vitales. La energía es lo que hace posible cualquier actividad, tanto física como biológica.

Es importante para los estudiantes de Verdades Espirituales reconocer lo que no vemos, pues la tendencia humana es a reconocer lo que vemos. En el capítulo anterior, Platón le llamaba a lo que no vemos, *"el mundo inteligible"*, el mundo espiritual, es la verdadera realidad. Desde ese entonces enseñó que el mundo físico, al cual llamó *"el mundo sensible",* es mera apariencia.

Desde esa época, más de 400 años a.C., Platón enseñaba: *"lo que se percibe mediante los sentidos está sometido a constante cambio y degeneración. Es un mundo de apariencia. El verdadero conocimiento es el mundo de las Ideas."*.

La energía no la vemos, pero vemos el efecto que causa. Ella se pone de manifiesto cuando se transforma. La transformación ocurre cuando ésta energía pasa de un cuerpo a otro, de un sistema a otro. Entonces, sí vemos su efecto. Ejemplo de esto es cuando la energía solar transforma las plantas, haciéndolas crecer. Otro ejemplo es cuando la energía transforma el hielo en agua.

La energía es el precursor de todo efecto. La energía se aplica a todo lo que produce un efecto contundente.

La energía ha hecho posible que nosotros nos hayamos movido hacia adelante en el tiempo y en la historia.

He expuesto algunas de las muchas maneras cómo la física cuántica se relaciona con nuestra vida interior y las Verdades Espirituales.

Capítulo 15

El pensamiento y la realidad.

Al escoger lo que pienso, lo que siento y creo, formo mis propias experiencias.

Nos vamos a maravillar de los avances tecnológicos y científicos que se han logrado, demostrando el poder del pensamiento para **transformar nuestro ser y realidad.**

El avance, tanto de la neurología y la tecnología nos ha brindado el equipo conocido como imagen de resonancia magnética (MRI), con el cual se ha podido demostrar dónde se produce cada una de las actividades de la mente, a través de conectar unos electrodos del equipo, a la cabeza de la persona.

Es muy sencillo el proceso y los resultados son maravillosos. Se va midiendo la actividad eléctrica en el cerebro mientras se produce una actividad emocional, espiritual, mental o racional, y de esa manera se sabe a qué área corresponde esa facultad de la mente.

Un ejemplo que demuestra la interrelación entre **el pensamiento y la realidad:** cuando miramos (sentido de la vista) un objeto, se registra una actividad en un área específica del cerebro y cuando cerramos los ojos y visualizamos ese mismo objeto, se produce la misma respuesta o actividad eléctrica en la misma área.

El cerebro refleja esa misma actividad cuando miramos, como cuando imaginamos. Entonces la pregunta es; cuál es la realidad? El cerebro no hace diferencia entre lo que ve y lo que imagina. *"Lo que se ve se creó de lo que no se ve".*

Esta verdad la sabía **Jesús** al imaginar y visualizar los campos llenos de la cosecha, *"Alzad vuestros ojos y mirad el campo, porque ya está blanco para la siega".*

Juan 4:35

Si uno mira los campos sembrados sin ver la cosecha, esa va a ser nuestra realidad, campos sin frutos. Si por el contrario, visualizamos esos mismos campos con los frutos y los agricultores recogiendo la cosecha, esa es la realidad. **El cerebro refleja la misma actividad, tanto cuando ve como cuando imagina o visualiza. ♥Jesús lo sabía♥**

En nosotros existe una conexión entre el cerebro (sistema nervioso), entre nuestro corazón (sistema circulatorio) y nuestra conciencia.

En el libro de Verdades Espirituales: **de Corazón a Corazón,** capitulo #5, página 41, estudiamos la Inteligencia Universal, Dios y la Conexión-Corazón-Cerebro.

Los estudios realizados por los especialistas en las ciencias físicas, medicina nuclear e investigaciones médicas han demostrado que los pensamientos positivos o negativos influyen en el sistema nervioso y hormonal.

En el área del cerebro (sistema nervioso), que se conoce como hipotálamo, se fabrican partículas pequeñas llamadas péptidos. Son pequeñas partículas de aminoácidos que al combinarse crean neurohormonas. Estas neurohormonas son neurotransmisores que se vierten a la sangre y que se comportan como hormonas. Las neurohormonas son las responsables de las emociones que sentimos diariamente. También son responsables de enfermedades del corazón.

Nuestras células son sensibles a estas descargas emocionales, a través de la conexión entre el área del cerebro que produce emociones, y ellas. Las descargas pueden ser de emociones negativas o positivas.

Entre las descargas negativas que entran a nuestras células están; la ira, rencor, coraje, odio, envidia, angustia, la ansiedad, la impaciencia, la crítica, la queja.

Entre las descargas positivas que entran a nuestras células están: la paz, la alegría, el gozo, entusiasmo, optimismo, agradecimiento y sobre todo, los buenos pensamientos.

Pensar positiva y correctamente nos conduce a emociones y descargas positivas. Pensar negativamente nos conduce a emociones y descargas negativas.

Nuestras células se acostumbran a recibir descargas de partículas o emociones. No depende de nuestras células el recibir o no éstas descargas, sino que depende de nosotros.

La conexión entre el área de producir emociones y la célula, la podemos bloquear cambiando y transformando el pensamiento, creando una nueva conexión. Es como seguir por otro puente, por otra vía.

En otras palabras, el comportamiento de las micro partículas cambia dependiendo de lo que vemos, escuchamos y oímos, de lo que hacemos y de cómo pensamos y actuamos. Se ha demostrado que se puede cambiar el comportamiento de la célula.

El estudio de Verdades Espirituales nos hace consciente de que somos los únicos responsables de

nuestro estado emocional, mental, y físico. No podemos hacer responsables a otros.

Somos y vivimos en la Totalidad Dios. El universo nos ofrece todo. El Bien que es Dios nos permite entrar y entender el campo cuántico, *el campo de posibilidades ilimitadas e infinitas.*

La teoría cuántica es la base teórica de la física moderna, que **explica la naturaleza y el comportamiento de la materia y la energía,** a nivel atómico o subatómico.

Experimentos científicos han podido demostrar que una partícula puede comportarse como partícula/materia, o como onda. Nosotros podemos hacer lo mismo al mirar o visualizar. Lo que vemos o visualizamos se puede comportar de una manera u otra, influyendo en nuestra realidad, expandiendo el campo de las posibilidades ilimitadas e infinitas.

Los experimentos que llevó a cabo el científico japonés **Masaru Emoto** con moléculas de agua, *abrieron la puerta a la posibilidad de que la mente puede crear la realidad.* Emoto se valió de un microscopio electrónico y una pequeña cámara. El fotografió moléculas de agua contaminada y de agua limpia de manantial. Para conseguir fotografiarlas con un microscopio de campo oscuro, las metió en una cámara refrigerada. Los resultados demostraron que los cristales de aguas claras y limpias, creaban cristales de preciosas formas geométricas. Las aguas que estudió de fuentes contaminadas estaban tan enfermas que no formaban ni cristales.

Fotografía de cristales de aguas del manantial; Yusui Mountain, Japan

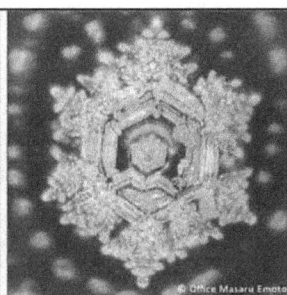

La siguiente es una fotografía mostrando los cristales de agua contaminada del río Yodo en Japón, antes y después de orar.

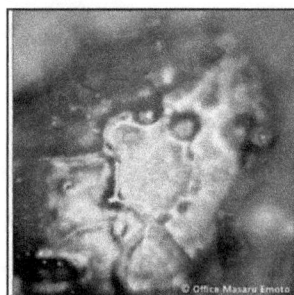

antes de orar   después de orar

Las próximas fotografías son de aguas expuestas a diferentes géneros musicales. El científico **Emoto** llenó botellas con agua destilada. Colocó a los lados de las botellas dos bocinas. Esperó una hora y tomó agua de las botellas que fueron expuestas a la música por esa hora. Congeló el agua de cada una de ellas y las fotografió bajo microscópica electrónica.

Con la música "heavy metal" los resultados fueron los siguientes:

música "heavy metal"

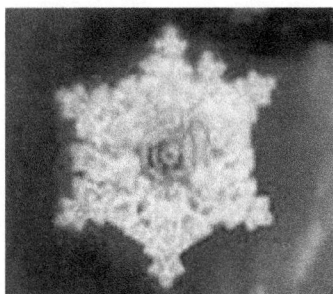

música de Beethoven

música de cuerdas Bach's

Emoto quiso saber cómo **los pensamientos y palabras,** además de la música, afectaban la formación de cristales de agua destilada no tratadas. Escribió palabras en papeles y los mantuvo pegados a las botellas durante una noche. Siguió el mismo procedimiento y sus resultados fueron los siguientes:

Las siguientes son fotografías de los cristales, a los que les escribió diferentes palabras positivas.

"Gracias"

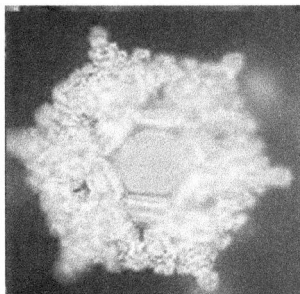

"amor, respeto y aprecio"

Fotografía del resultado obtenido luego que quinientas personas enviaran pensamientos positivos a agua embotellada.

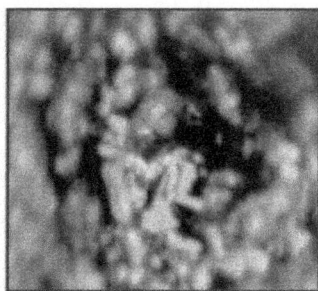 

antes   y   después

Notamos que las palabras negativas *"Tú me enfermas, te voy a matar",* son similares a la imagen de agua contaminada y podemos ver cómo los pensamientos tienen efectos sobre el agua.

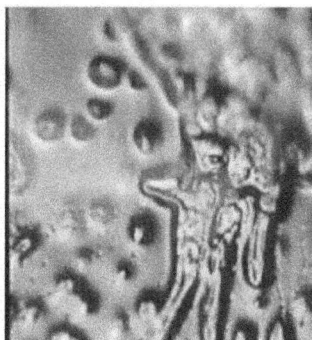

Fotografía de aguas, las cuales recibieron mensajes dañinos: *"Te odio", "Tú me enfermas"*

A continuación vamos a ver dos imágenes de agua contaminada y tóxica de la represa Fujiwara. Las aguas recibieron oraciones del monje Budista Reverendo Kato Hoki, jefe de sacerdotes del templo Jyuhouin, por una hora. Las oraciones tuvieron tal extraordinario poder que las aguas volvieron a su natural armonía y geometría simétrica natural.

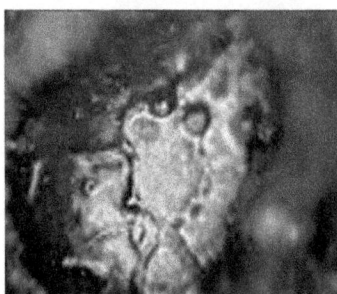

Fotografía de agua contaminada de la represa Fujiwara en Japón

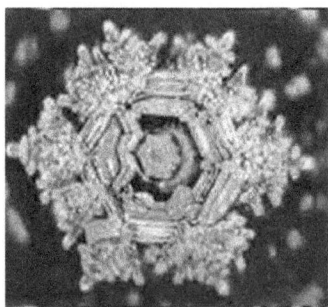

Fotografía de agua de la represa Fujiwara luego de **haber orado.**

A través del estudio de la estructura de la molécula de agua, se ha demostrado que nuestras ideas, pensamientos, palabras, y la música, tienen un significado y poder profundo en la sanación.

Nuestras ideas, pensamientos y palabras producen efectos a nivel físico y mental. Su poder puede destruir cuando se usa erróneamente. Reconstruye y vivifica cuando afirmamos la Verdad.

Emoto llevó a la práctica sus conclusiones. Reunió trescientas personas alrededor de un arroyo de agua contaminada. Dirigidos por un monje cualificado las personas meditaron por una hora. Tomó película para documentar que el agua se aclaró a los quince minutos de la meditación.

Hemos visto a través de estos experimentos, que a través de la oración se ha podido limpiar un canal de agua contaminado. Nuestro cuerpo, al igual que nuestro planeta es 70% agua. Tanto la música como nuestros pensamientos y palabras, producen efectos transformadores a la molécula de agua.

Casi 75% de nuestro cuerpo, al estar constituido por agua, es influenciado de la misma manera que la molécula de agua, a través de la oración, meditación y la música.

El nuevo pensamiento, en sus primeros cien años, sabía y practicaba el poder del pensamiento, el poder de la palabra y las afirmaciones en sus tratamientos espirituales, con resultados eficaces y sorprendentes

Actualmente, la ciencia y la tecnología han corroborado y demostrado lo que la Metafísica Espiritual ha enseñado a través de toda su historia.

Lo que distingue a los estudiantes de la Verdad es su total dominio del poder del pensamiento. Ellos saben lo serio, responsable y significativo que es en sus vidas conocer la Verdad de Dios.

Es vital respetar a cada célula, a cada molécula, a cada tejido, órgano y sistema de nuestro cuerpo. Estar conscientes y darle la importancia, la atención, el amor y cuidado que se merecen. Estemos conscientes que los **pensamientos espiritualizados sanan nuestra alma, nuestro cuerpo y nuestro planeta.**

Es por esa razón que hemos enseñado por tantos años, *"Nuestro cuerpo es el resultado de nuestros pensamientos".*

El físico Emoto vino a corroborar, a través de sus experimentos con las moléculas de agua, lo que por tantos años hemos reconocido como una Verdad, que tenemos el poder de crear nuestra realidad, no solamente emocional y mental, sino también física.

Los físicos han corroborado y demostrado que la molécula de agua se puede transformar a través del pensamiento positivo, la música, la meditación y la oración.

"Vivo en el Universo de Dios, de Abundantes e Infinitas posibilidades"

"Mis pensamientos tienen poder para transformar mi ser y mi realidad".

"Mis pensamientos tienen poder para transformar la vida, el ambiente, el planeta y el universo".

Bendiciones, *Dr. Victor Arroyo (787-380-2439)*

Metafísica espiritual